France 2005-2006

Chambres d'hôtes à la montagne®

les guides des chambres d'hôtes

samedi midi
éditions

Chez le même éditeur :

- Week-end en Chambres d'hôtes autour de Lyon 2004-2005
- Week-end en Chambres d'hôtes autour de Paris 2004-2005
- Chambres d'hôtes en famille 2004-2005
- Chambres d'hôtes à la mer 2005-2006
- Villes et Villages de caractère en Chambres d'hôtes 2005-2006
- Séjours à thème en Chambres d'hôtes : Vins, Produits et Cuisines du terroir 2005-2006

---

www.samedimidi.com

ISBN : 2-9518003-8-X

18 rue d'Enghien - 69002 Lyon - France

France 2005-2006

Chambres d'hôtes à la montagne®

les guides des chambres d'hôtes

Directeur de collection : Patrice Lejeune

samedi midi éditions

Direction artistique, maquette, mise en page et cartographie (GéoAtlas):
Sandrine Brunel et Emmanuelle Guichard
Assistante du Directeur de collection : Ingrid Breton et Marion Grandouiller

Et les conseils avisés d'Hélène, Antoine et Valentin Lejeune.

Remerciements

À tous les propriétaires de chambres d'hôtes qui nous font confiance.

À l'ensemble des Offices de tourisme en France.

Aux réseaux Accueil Paysans, Clévacances, Fleurs de Soleil, Gîtes de France.

À nos confrères éditeurs.

Précautions d'usage

Les prix sont ceux qui nous ont été transmis pour 2005 par les propriétaires. En principe, ils comprennent la nuit et le petit-déjeuner. Nos lecteurs voudront bien s'assurer de la validité de ces tarifs auprès des propriétaires avant de faire leur réservation.

Conformément à la jurisprudence constante, "Toulouse, 14.01.1887", les erreurs ou omissions involontaires qui auraient pu subsister dans les cartes, les tarifs, les textes de ce guide, malgré les soins et les contrôles de l'équipe de rédaction et de mise en page ne sauraient engager la responsabilité de samedi midi éditions et de ses auteurs.

L'éditeur ne peut, en aucun cas, être tenu responsable :
- d'un litige intervenant entre les propriétaires et leurs clients,
- des accidents que pourraient subir les personnes utilisant l'ouvrage,
- des propriétaires qui ne sont pas en règle avec la loi du 13 juillet 1992.

L'indication Bio a été indiquée par les propriétaires et n'engage en aucune façon l'éditeur et ses auteurs.

L'ensemble des photos présentées dans ce guide nous ont été certifiées comme libres de droits de reproduction par les propriétaires des chambres d'hôtes.

Photos de couverture :

- Chambre : Les Servages (Les Carroz d'Araches-74) - Photo Didier Delmas
- De gauche à droite : Ibaremborde (Etchebar-65), La ferme du Baptieu (Sainte-Foy-Tarentaise-73), Le Crêt l'Agneau (La Longeville-25)

- Week-end
- Semaine
- Pour tous les budgets
- Prix dégressifs suivant la durée du séjour
- Été, automne, hiver, printemps

Chambres d'hôtes à la montagne !

Alpes du Nord et du Sud • Jura et Vosges • Massif Central • Pyrénées

Cette 2ème édition (2005-2006) présente :

- 256 adresses sélectionnées et 1044 chambres d'hôtes de tous les massifs montagneux : Alpes du nord et du sud, Massif Central, Massifs du Jura et des Vosges, Pyrénées.
- une sélection très rigoureuse : visites incognito, enquêtes multiples, questionnaires approfondis.
- des adresses qui offrent un charme indéniable : qualité de l'accueil, soin apporté à la décoration "montagnarde" et au confort des hôtes, petits déjeuners et repas du terroir copieux et savoureux, volonté des propriétaires de faire découvrir les richesses de leur région et la multitude d'activités proposées, été comme hiver, printemps comme automne.
- les adresses Bio sont signalées par un pictogramme.
- des prix, pour tous les budgets, à partir de 35 euros (petits déjeuners compris) pour les personnes seules, les couples, les groupes d'amis ou les familles.

À vous de découvrir tous les plaisirs de la montagne en France, en toute saison...

" Des adresses coups de cœur... avec des photos de chambres"
Le Monde - Janvier 2003

" À fuir les chambres d'hôtes sans charme..., préférer les 200 bonnes adresses du nouveau guide Chambres d'hôtes à la montagne..."
L'Express - Novembre 2002

IMPORTANT : à l'inverse de la plupart des ouvrages existants, aucune contribution financière n'est demandée aux propriétaires figurant dans nos guides. Une garantie de notre indépendance et du sérieux de nos sélections !

---

www.samedimidi.com

Propriétaires de Chambres d'hôtes
inscrivez-vous !

Il suffit simplement de nous écrire ou de nous envoyer un e-mail. Dès réception, nous vous enverrons un dossier de sélection. Nous nous réservons le droit d'accepter ou de refuser une candidature suivant nos critères et nos procédures de sélection.

Lecteurs, faites-nous part de vos satisfactions ou de vos déceptions !

Par courrier ou par e-mail, nous serons attentifs à vos appréciations.

Nom de la chambre d'hôtes : ....

....

Date du séjour et montant de la facture : ....

....

Commentaires : (accueil, décoration, confort, propreté, petits déjeuners, dîners, informations touristiques,...)

....

....

....

....

En retour de 5 appréciations pour des adresses différentes + vos factures originales, nous vous adresserons gracieusement le guide de votre choix dans notre collection.

N'oubliez pas de nous précisez vos noms et coordonnées.

Pour vous inscrire ou nous faire part de vos remarques :

samedi midi éditions ▪ 18 rue d'Enghien ▪ 69002 LYON ▪ France

www.samedimidi.com

Chez le même éditeur :

ISBN : 2-9518003-5-5

ISBN : 2-9518003-9-8

ISBN : 2-915928-00-2

ISBN : 2-9518003-7-1

ISBN : 2-9518003-6-3

Parution
mars 2005

Vins, Produits
et Cuisines du terroir
Séjours à thème en Chambres d'hôtes

ISBN : 2-9518003-4-7

www.samedimidi.com

sommaire

sommaire

sommaire

sommaire

sommaire

sommaire

Index.prix

À partir de 35 euros

À partir de 45 euros

Index.prix

À partir de 65 euros

Index.prix

À partir de 90 euros

Légendes et pictogrammes

- Bus
- Métro
- Gare ferroviaire
- Aéroport
- Table d'hôtes
- Kitchenette
- Bio
- Équipement bébé
- Baby-sitting possible
- Accès handicapés
- Chiens acceptés
- Fumeurs acceptés
- Cartes bancaires
- Parking

Activités

- Piscine
- Randonnée
- VTT
- Équitation
- Tennis
- Golf
- Thermes
- Ski de piste
- Ski de fond
- Sports en eaux vives
- Pêche
- Escalade

Langues étrangères parlées

- allemand
- anglais
- espagnol
- néerlandais
- italien

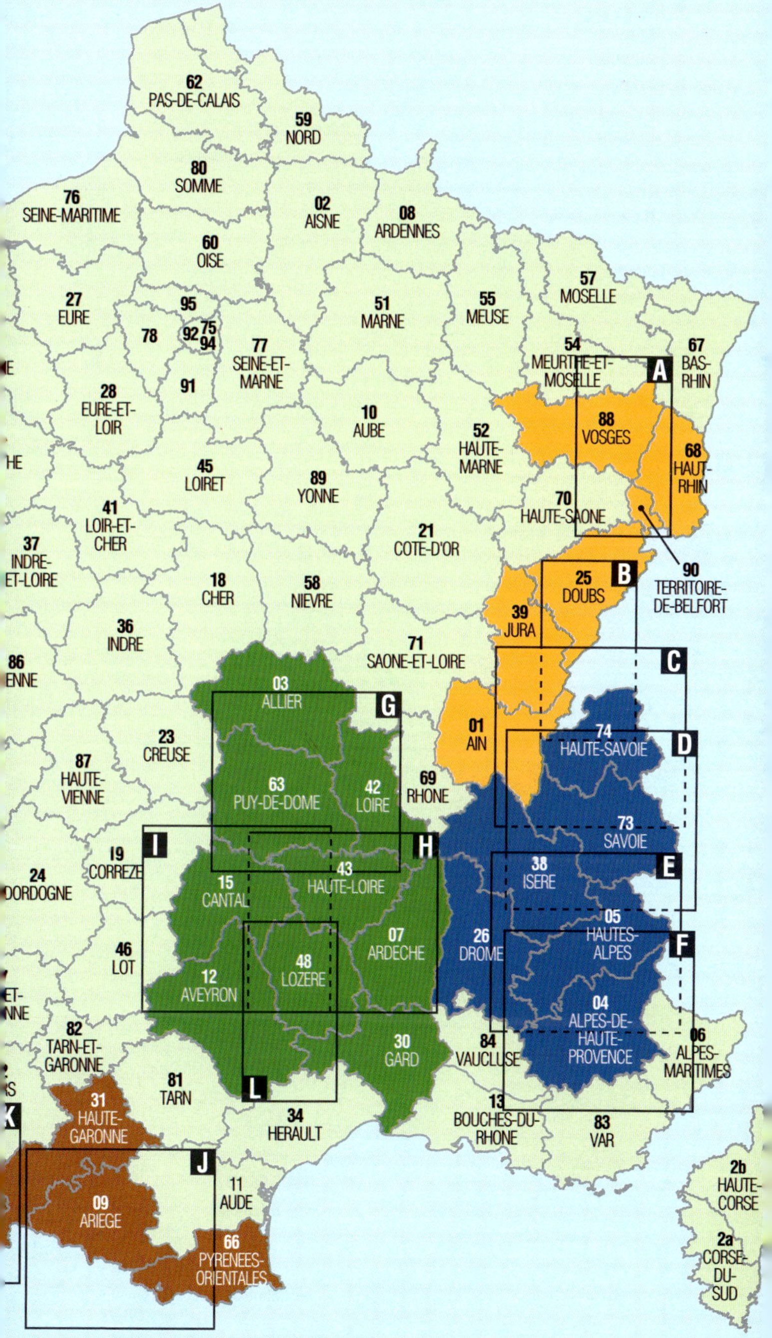

62
PAS-DE-CALAIS
59
NORD
80
SOMME
76
SEINE-MARITIME
02
AISNE
08
ARDENNES
60
OISE
57
MOSELLE
27
EURE
95
78
92
75
94
51
MARNE
55
MEUSE
77
SEINE-ET-MARNE
54
MEURTHE-ET-MOSELLE
67
BAS-RHIN
A
28
EURE-ET-LOIR
91
10
AUBE
52
HAUTE-MARNE
88
VOSGES
68
HAUT-RHIN
45
LOIRET
89
YONNE
70
HAUTE-SAONE
41
LOIR-ET-CHER
21
COTE-D'OR
37
INDRE-ET-LOIRE
18
CHER
58
NIEVRE
25
DOUBS
B
90
TERRITOIRE-DE-BELFORT
39
JURA
36
INDRE
71
SAONE-ET-LOIRE
C
86
03
ALLIER
G
01
AIN
74
HAUTE-SAVOIE
D
23
CREUSE
87
HAUTE-VIENNE
63
PUY-DE-DOME
42
LOIRE
69
RHONE
73
SAVOIE
I
H
19
CORREZE
43
HAUTE-LOIRE
38
ISERE
E
24
DORDOGNE
15
CANTAL
05
HAUTES-ALPES
07
ARDECHE
26
DROME
F
46
LOT
48
LOZERE
12
AVEYRON
04
ALPES-DE-HAUTE-PROVENCE
82
TARN-ET-GARONNE
30
GARD
84
VAUCLUSE
06
ALPES-MARITIMES
81
TARN
L
31
HAUTE-GARONNE
K
34
HERAULT
13
BOUCHES-DU-RHONE
83
VAR
J
11
AUDE
2b
HAUTE-CORSE
09
ARIEGE
66
PYRENEES-ORIENTALES
2a
CORSE-DU-SUD

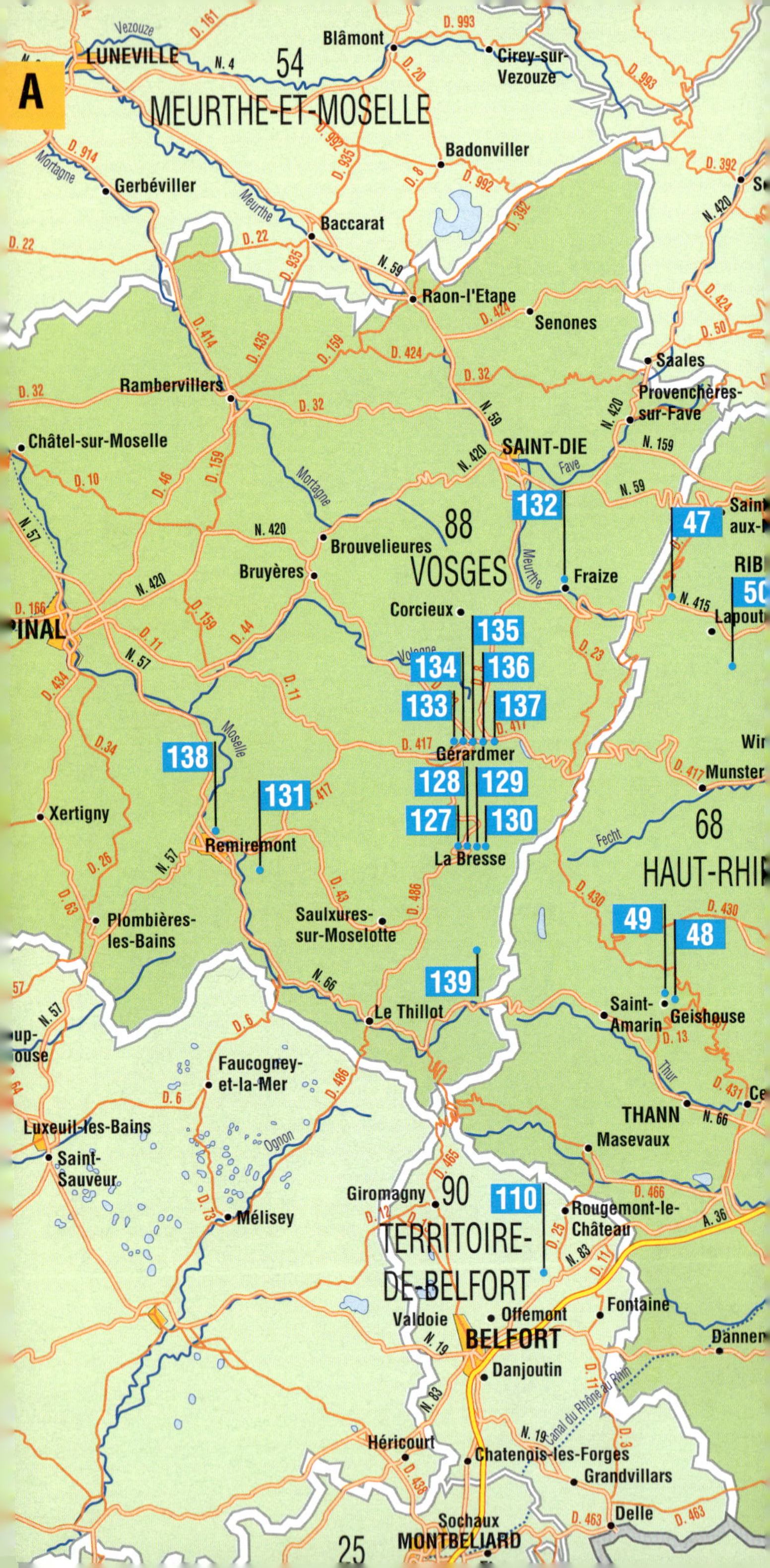
A
LUNEVILLE
Vezouze
54
MEURTHE-ET-MOSELLE
Blâmont
Cirey-sur-Vezouze
Badonviller
Gerbéviller
Mortagne
Meurthe
Baccarat
Raon-l'Etape
Senones
Saales
Provenchères-sur-Fave
Rambervillers
Châtel-sur-Moselle
SAINT-DIE
Fave
132
47
Brouvelieures
88
VOSGES
Bruyères
Fraize
Corcieux
PINAL
135
134
136
133
137
Moselle
138
Gérardmer
128
129
127
130
131
Remiremont
La Bresse
Xertigny
Munster
68
HAUT-RHI
Fecht
Plombières-les-Bains
Saulxures-sur-Moselotte
49
48
139
Le Thillot
Saint-Amarin
Geishouse
Thur
Faucogney-et-la-Mer
THANN
Masevaux
Luxeuil-les-Bains
Saint-Sauveur
Ognon
Mélisey
Giromagny
90
110
Rougemont-le-Château
TERRITOIRE-DE-BELFORT
Valdoie
Offemont
Fontaine
BELFORT
Danjoutin
Canal du Rhône au Rhin
Héricourt
Chatenois-les-Forges
Grandvillars
Delle
Sochaux
25
MONTBELIARD

B
BESANÇON
Pierrefontaine-les-Varans
Vercel-Villedieu-le-Camp
Boussières
Quingey
Ornans
Amancey
25
DOUBS
103
104
101
102
100
Villiers -le-Lac
Morteau
Montbenoît
Hauterive-la-Fresse
Levier
Salins-les-Bains
PONTARLIER
39
JURA
Lac de Saint-Point
Nozeroy
Champagnole
Mouthe
106
107
Les Planches-en-Montagne
Saint-Laurent-en-Grandvaux
108
Morez
Les Rousses
Longchaumois
SAINT-CLAUDE
GEX
Ferney-Voltaire
SUISSE
LAUSANNE
Lac Léman
Douvaine
GENEVE
Annemasse
SAINT-JULIEN-EN-GENEVOIS
Reignier
Collonges
Doubs
Loue
Drugeon
Bienne
Rhône
N. 57
N. 83
N. 5
N. 78
N. 206
N. 205
A. 40
D. 454
D. 492
D. 27
D. 32
D. 31
D. 461
D. 473
D. 67
D. 437
D. 103
D. 72
D. 472
D. 467
D. 471
D. 107
D. 49
D. 45
D. 6
D. 127
D. 29
D. 936
D. 25
D. 991
D. 436
D. 984
D. 15
D. 907
D. 2

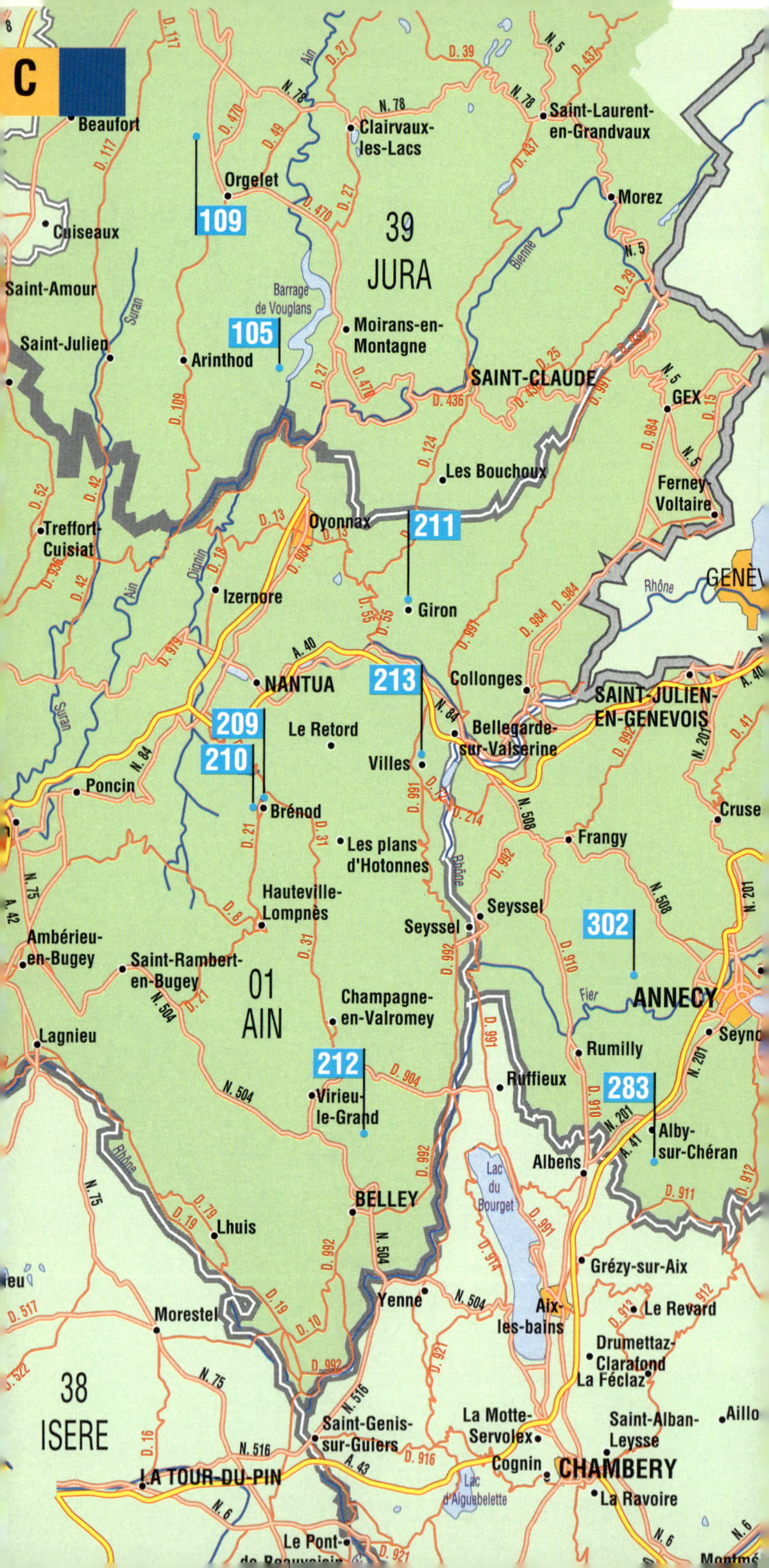
39
JURA
01
AIN
38
ISERE
Beaufort
Clairvaux-les-Lacs
Saint-Laurent-en-Grandvaux
Orgelet
Cuiseaux
Morez
Saint-Amour
Barrage de Vouglans
Moirans-en-Montagne
Saint-Julien
Arinthod
SAINT-CLAUDE
GEX
Les Bouchoux
Ferney-Voltaire
Treffort-Cuisiat
Oyonnax
GENÈV
Izernore
Giron
NANTUA
Collonges
SAINT-JULIEN-EN-GENEVOIS
Le Retord
Bellegarde-sur-Valserine
Poncin
Villes
Brénod
Cruse
Frangy
Les plans d'Hotonnes
Hauteville-Lompnès
Seyssel
Seyssel
Ambérieu-en-Bugey
Saint-Rambert-en-Bugey
ANNECY
Champagne-en-Valromey
Lagnieu
Rumilly
Seyno
Ruffieux
Virieu-le-Grand
Alby-sur-Chéran
Albens
Lac du Bourget
BELLEY
Lhuis
Grézy-sur-Aix
Yenne
Aix-les-bains
Le Revard
Morestel
Drumettaz-Clarafond
La Féclaz
Saint-Genis-sur-Guiers
La Motte-Servolex
Saint-Alban-Leysse
Aillo
Cognin
CHAMBERY
LA TOUR-DU-PIN
Lac d'Aiguebelette
La Ravoire
Le Pont-de-Beauvoisin
Montmé
Ain
Suran
Oignin
Bienne
Rhône
Fier
109
105
211
213
209
210
302
212
283
N. 78
N. 5
N. 84
N. 508
N. 201
N. 75
N. 504
N. 516
N. 6
A. 40
A. 41
A. 42
A. 43
D. 117
D. 470
D. 49
D. 27
D. 39
D. 437
D. 109
D. 21
D. 436
D. 25
D. 29
D. 991
D. 15
D. 984
D. 124
D. 52
D. 42
D. 936
D. 13
D. 18
D. 55
D. 979
D. 992
D. 41
D. 31
D. 214
D. 8
D. 910
D. 904
D. 911
D. 912
D. 913
D. 914
D. 79
D. 19
D. 10
D. 517
D. 522
D. 921
D. 16
D. 916

Lac Léman
296
Evian-les-Bains
N. 5
THONON-LES-BAINS
Bernex
Douvaine
N. 5
D. 903
D. 12
267
D. 26
D. 22
Le Biot
Abondance
La Plagne
Habère-Poche
Habère-Lullin
Bellevaux
Hirmentaz
Dranse
N. 206
Boëge
Morzine
Annemasse
278
288
289
279
D. 902
Les Gets
SUISSE
D. 907
Saint-Jeoire
D. 907
Sommand
Taninges
291
293
292
N. 205
A. 40
D. 19
D. 907
Samoëns
D. 2
Giffre
301
BONNEVILLE
La Roche-sur-Foron
N. 203
Scionzier
Cluses
268
Les Carroz-d'Arâches
Orange
281
Thorens-Glières
74
HAUTE-SAVOIE
280
Le Reposoir
269
270
N. 205
N. 506
282
297
274
271
290
Le Grand-Bornand
295
272
Sallanches
277
D. 13
Chamonix-Mont-Blanc
Saint-Jean-de-Sixt
298
La Clusaz
Saint-Gervais-les-Bains
299
D. 909
Combloux
273
286
275
285
287
Thônes
N. 212
284
Megève
294
D. 902
D. 909
Menthon-St-Bernard
300
N. 212
Praz-sur-Arly
Fumet
N.D. de Bellecombe
276
ITALIE
N. 508
Les Saisies
Arly
Faverges
Ugine
Beaufort
D. 925
Arèches
Lac de Roselend
N. 90
ALBERTVILLE
73
SAVOIE
Isère
Bourg-Saint-Maurice
Grésy-sur-Isère
Les Arcs
Isère
D. 902
Aime
Peisey-Nancroix
Arc
Aiguebelle
La Plagne
Chamoux-sur-Gelon
N. 90

D
Hauteville-Lompnès
Seyssel
Seyssel
Champagne-en-Valromey
Virieu-le-Grand
BELLEY
Lhuis
Yenne
Saint-Genis-sur-Guiers
Le Pont-de-Beauvoisin
Saint-Geoire-en-Valdaine
Les Echelles
Saint-Laurent-du-Pont
Voiron
Le Touvet
St Pierre-de-Chartreuse
Saint-Ismier
Saint-Egrève
Meylan
Domène
Fontaine
GRENOBLE
Saint-Martin-d'Hères
Eybens
Echirolles
Vizille
Villard-de-Lans
Vif
Le Bourg-d'Oisans
Lac de Chambon
Romanche
74
HAUTE-SAVOIE
ANNECY
Annecy-le-Vieux
Seynod
Lac d'Annecy
Rumilly
Ruffieux
Alby-sur-Chéran
Albens
Lac du Bourget
Faverges
Grésy-sur-Aix
Le Revard
Aix-les-bains
Drumettaz-Clarafond
La Féclaz
Le Châtelard
La Motte-Servolex
Saint-Alban-Leysse
Grésy-sur-Isère
Aillon-le Jeune
Cognin
CHAMBERY
Saint-Pierre-d'Albigny
La Ravoire
Lac d'Aiguebelette
Montmélian
Chamoux-sur-Gelon
La Rochette
Allevard
Goncelin
38
ISERE
Rhône
Fier
Guiers
Isère
Arc
265
257
242
251
252
258
253
260

SUISSE
ITALIE
Sallanches
Chamonix-Mont-Blanc
Combloux
Saint-Gervais-les-Bains
Megève
D. 4
D. 13
D. 909
D. 902
N. 212
261
Fumet
N. 508
N.D. de Bellecombe
256
Les Saisies
250
Beaufort
D. 925
Arèches
Lac de Roselend
ALBERTVILLE
73
SAVOIE
Isère
264
245
Bourg-Saint-Maurice
262
N. 90
247
248
Les Arcs
263
D. 902
Aime
241
Peisey-Nancroix
243
249
255
La Plagne
Moûtiers
Bozel
D. 915
D. 90
D. 91
Courchevel
Méribel
Les Ménuires
Val-Thorens
Lanslebourg-Mont-Cenis
244
246
266
Aussois
Saint-Michel-de-Maurienne
259
N. 6
Lac du Mont-Cenis
Arc
A. 43
Modane
La Norma
Valfréjus
Tunnel de Fréjus
05
HAUTES-ALPES
Durance
Le Monêtier-les-Bains
D. 994
Guisane
N. 91

E
Rives
Tullins
Vinay
Autrans
Lans-en-Vercors
Villard-de-Lans
Château-Bernard
La Chapelle-en-Vercors
Saint-Egrève
Fontaine
St-Nizier-du-Moucherotte
Echirolles
GRENOBLE
Eybens
Saint-Martin-d'Hères
Meylan
Saint-Ismier
Domène
Goncelin
Vaujany
Vizille
Vif
Séchilienne
L'Alpes-d
Le Bourg-d'Ois
Les Deux-Alpes
Venosc
38
ISERE
La Mûre
Valbonnais
Monestier-de-Clermont
Clelles
Mens
Corps
Saint-Firmin
DIE
Châtillon-en-Diois
Saint-Etienne-en-Dévoluy
Saint-Bonnet-en-Champsaur
Luc-en-Diois
26
DROME
GAP
Veynes
Aspres-sur-Buëch
La Motte-Chalancon
Tallard
Barcillonnette
Serres
Rosans
La Motte-
Laragne-Monteglin
Orpierre
La Rochette du Buis
Ribiers
Drac
Drôme
Buëch
Durance
Isère
Bourne
Méouge
220
221
222
223
224
225
226
227
228
229
230
231
232
233
188
196
206
185
199
202
204
205
219
A. 49
A. 41
A. 51
N. 92
N. 75
N. 532
N. 90
N. 85
D. 531
D. 518
D. 512
D. 523
D. 528
D. 526
D. 524
D. 529
D. 5
D. 76
D. 537
D. 937
D. 539
D. 17
D. 945
D. 114
D. 93
D. 993
D. 994
D. 900
D. 942
D. 951
D. 1
D. 946
D. 542
D. 546
D. 985

D. 927
AINT-JEAN-
MAURIENNE
D. 926
73
SAVOIE
D. 902
200
Durance
D. 994
La Grave
Romanche
Le Monêtier-
les-Bains
Le Monêtier-
les-Bains
Guisane
N. 91
N. 94
Christophe-
-Oisans
Serre-Chevalier
BRIANÇON
190
D. 902
D. 994
189
184
Séveraisse
05
HAUTES-ALPES
L'Argentière-
la-Bessée
Arvieux
Aiguilles
D. 947
182
198
N. 94
207
Guil
St- Véran
197
D. 902
208
Chaillol 1600
Orcières
D. 944
191
193
Durance
Guillestre
192
Risoul
183
N. 94
Ancelle
Vars
203
D. 902
194
186
La Bâtie-Neuve
Embrun
N. 94
Crévoux
Chorges
195
D. 902
Savines-le-Lac
Les Orres
Lac
de
Serre Ponçon
D. 3
D. 954
D. 900
201
Ubaye
Le Lauzet-Ubaye
Ubaye
Turriers
D. 900
D. 900
BARCELONNETTE
D. 908
Seyne
D. 902
D. 64
04
ALPES-DE-
HAUTE-PROVENCE
06
ALPES-
MARITIMES
Bléone
Colmars

F
Châtillon-en-Diois
Saint-Etienne-en-Dévoluy
Saint-Bonnet-en-Champs
Luc-en-Diois
26 DROME
Aspres-sur-Buëch
Veynes
GAP
La Motte-Chalançon
Tallard
Barcillonette
Serres
Rémuzat
Rosans
La Motte-du-Cai
Orpierre
Laragne-Monteglin
04 Alpes-d Haute-Prov
Ribiers
Séderon
Sisteron
Noyers-sur-Jabron
178
Volonne
Sault
Saint-Etienne-les-Orgues
Peyruis
Les Mées
Banon
FORCALQUIER
84 VAUCLUSE
Reillanne
APT
Valensole
Manosque
Bonnieux
Cadenet
Pertuis
13 BOUCHES-DU-RHONE
Peyrolles-en-Provence
Drac
Drôme
Buëch
Ouvèze
Méouge
Durance
Nesque
Coulon
Verdon
N. 85
N. 75
N. 94
N. 96
N. 100
A. 51
D. 539
D. 17
D. 945
D. 937
D. 93
D. 993
D. 994
D. 900
D. 942
D. 951
D. 1
D. 948
D. 546
D. 542
D. 946
D. 164
D. 950
D. 943
D. 12
D. 100
D. 13
D. 907
D. 6
D. 952
D. 956
D. 973
D. 554
D. 23
D. 30

05
HAUTES-ALPES
06
ALPES-MARITIMES
83
VAR
I T
Orcières
Guillestre
Durance
D. 902
D. 944
N. 94
Bâtie-Neuve
Chorges
Embrun
Savines-le-Lac
Lac de Serre Ponçon
D. 3
D. 954
D. 900
Bréole
Le Lauzet-Ubaye
Ubaye
171
172
173
174
175
176
177
179
180
181
BARCELONNETTE
Le Sauze
Super-Sauze
Pra-Loup
Uvernet-Fours
D. 908
D. 64
Saint-Etienne-de-Tinée
Seyne
Chabanon
Le Fanget
Bléone
Colmars
Verdon
La Javie
Var
D. 2202
Guillaumes
D. 28
DIGNE-LES-BAINS
N. 85
D. 955
Saint-André-les-Alpes
Annot
Puget-Théniers
Entrevaux
N. 202
Mézel
Barrême
D. 2211
Roque
Saint-Auban
CASTELLANE
Moustiers-Sainte-Marie
D. 2
D. 952
Artuby
D. 71
D. 21
Lac de Sainte-Croix
Le Bar-sur
Saint-Vallier-de-Thiey
D. 2564
Comps-sur-Artuby
D. 957
D. 563
Siagne
Fayence
D. 562
D. 30
Aups
D. 907

G
MONTLUÇON
Montmarault
Saint-Pourçain-sur-Sioule
Commentry
Chantelle
Marcillat-en-Combraille
Montaigut
Escurolles
Ebreuil
Pionsat
Menat
Gannat
94
Saint-Gervais-d'Auvergne
Aigueperse
Combronde
Manzat
RIOM
Ennezat
Pontaumur
Pontgibaud
90
Gerzat
87
CLERMONT-FERRAND
Chamalières
Pont-du-Château
Royat
Beaumont
Vertaizon
89
Herment
Cournon-d'Auvergne
Rochefort-Montagne
Saint-Amant-Tallende
Veyre-Monton
Bourg-Lastic
96
88
Vic-le-Comte
99
95
98
Le Mont-Dore
Champeix
84
La Tour-d'Auvergne
ISSOIRE
Super-Besse
91
Saint-Germain-Lembron
Champs-sur-Tarentaine-Marchal
Ardes
Condat
15
CANTAL
Blesle
BRIOUDE
Riom-ès-Montagnes
Sioule
Bouble
Dordogne
Allier
Alagnon
Rhue
A. 71
A. 75
A. 89
N. 9
N. 89
N. 144
N. 209
N. 102

Marcigny
Semur-en-Brionnais
Lapalisse
La Pacaudière
Charlieu
Cusset
03
53
Le Mayet-de-Montagne
Saint-Haon-le-Châtel
ROANNE
Perreux
Châteldon
97
Saint-Just-en-Chevalet
239
Saint-Rémy-sur-Durolle
THIERS
Saint-Germain-Laval
92
Noirétable
42
LOIRE
Courpière
Boën
234
Chalmazel
Saint-Georges-en-Couzan
86
Olliergues
Cunlhat
85
MONTBRISON
Saint-Amant-Roche-Savine
AMBERT
63
PUY-DE-DOME
Saint-Anthème
240
235
93
Saint-Germain-l'Herm
Saint-Jean-Soleymieux
Viverols
Saint-Bonnet-le-Château
Arlanc
Aurec-sur-Loire
Barrage de Grangent
La Chaise-Dieu
Craponne-sur-Arzon
Bas-en-Basset
Monistrol-sur-Loire
43
HAUTE-LOIRE
Retournac
Loire
Besbre
Allier
Dore
Auzon
Ance
Senouire
N. 7
N. 82
N. 89
A. 72
D. 23
D. 989
D. 994
D. 990
D. 982
D. 10
D. 34
D. 8
D. 20
D. 987
D. 4
D. 487
D. 482
D. 907
D. 906
D. 7
D. 26
D. 62
D. 995
D. 9
D. 504
D. 53
D. 86
D. 201
D. 1
D. 44
D. 6
D. 225
D. 66
D. 996
D. 496
D. 498
D. 102
D. 16
D. 205
D. 999
D. 3
D. 5
D. 588
D. 46
D. 906
D. 10

H
63
PUY-DE-DOME
15
CANTAL
48
LOZERE
73
71
72
82
Auzon
Blesle
BRIOUDE
La Chaise-Dieu
Craponne-sur-Arzon
Paulhaguet
Lavoûte-Chilhac
Langeac
Pinols
SAINT-FLOUR
Ruynes-en-Margeride
Saugues
Montbonnet
Cayres
Le Malzieu-Ville
Fournels
Saint-Chély-d'Apcher
Saint-Alban-sur-Limagnole
Grandrieu
Aumont-Aubrac
Nasbinals
Saint-Amans
Châteauneuf-de-Randon
Marvejols
MENDE
Saint-Germain-du-Teil
Le Bleymard
Chanac
La Canourgue
Campagnac
Sainte-
Le Pont-
Allier
Alagnon
Senouire
Dore
Truyère
Bès
A. 75
N. 9
N. 102
N. 122
N. 106
N. 88
D. 999
D. 214
D. 906
D. 205
D. 5
D. 588
D. 653
D. 9
D. 1
D. 10
D. 585
D. 56
D. 590
D. 679
D. 990
D. 4
D. 589
D. 27
D. 31
D. 989
D. 987
D. 599
D. 600
D. 985
D. 988

SAINT-ETIENNE
42
LOIRE
Pélussin
Saint-Bonnet-le-Château
Barrage de Grangent
Le Chambon-Feugerolles
Firminy
236
238
237
Saint-Genest-Malifaux
Saint-Didier-en-Velay
Bas-en-Basset
Monistrol-sur-Loire
Bourg-Argental
Annonay
Sainte-Sigolène
Retournac
Vorey
81
Montfaucon-en-Velay
Satillieu
YSSINGEAUX
43
HAUTE-LOIRE
83
Tence
74
Saint-Félicien
Saint-Julien-Chapteuil
78
216
Saint-Agrève
76
Lamastre
Fay-sur-Lignon
79
Le Monastier-sur-Gazeille
80
75
Saint-Martin-de-Valamas
Vernoux-en-Vivarais
218
Le Cheylard
Saint-Andéol-de-Fourchades
07
ARDECHE
Saint-Pierreville
Coucouron
217
PRIVAS
Burzet
Antraigues-sur-Volane
Chomérac
Montpezat-sous-Bauzon
214
Thueyts
Vals-les-Bains
Saint-Etienne-de-Lugdarès
Aubenas
Rochemaure
Valgorge
Villeneuve-de-Berg
Montselgues
LARGENTIERE
Viviers
215
Joyeuse
Villefort
Vallon-Pont-d'Arc
Les Vans
Bourg-Saint-
Loire
Lignon
Ance
Eyrieux
Doux
Ardèche
Chassezac
Baume
N. 88
N. 82
N. 102
N. 86
D. 500
D. 578
D. 533
D. 120
D. 579
D. 104
D. 103
D. 901
D. 906

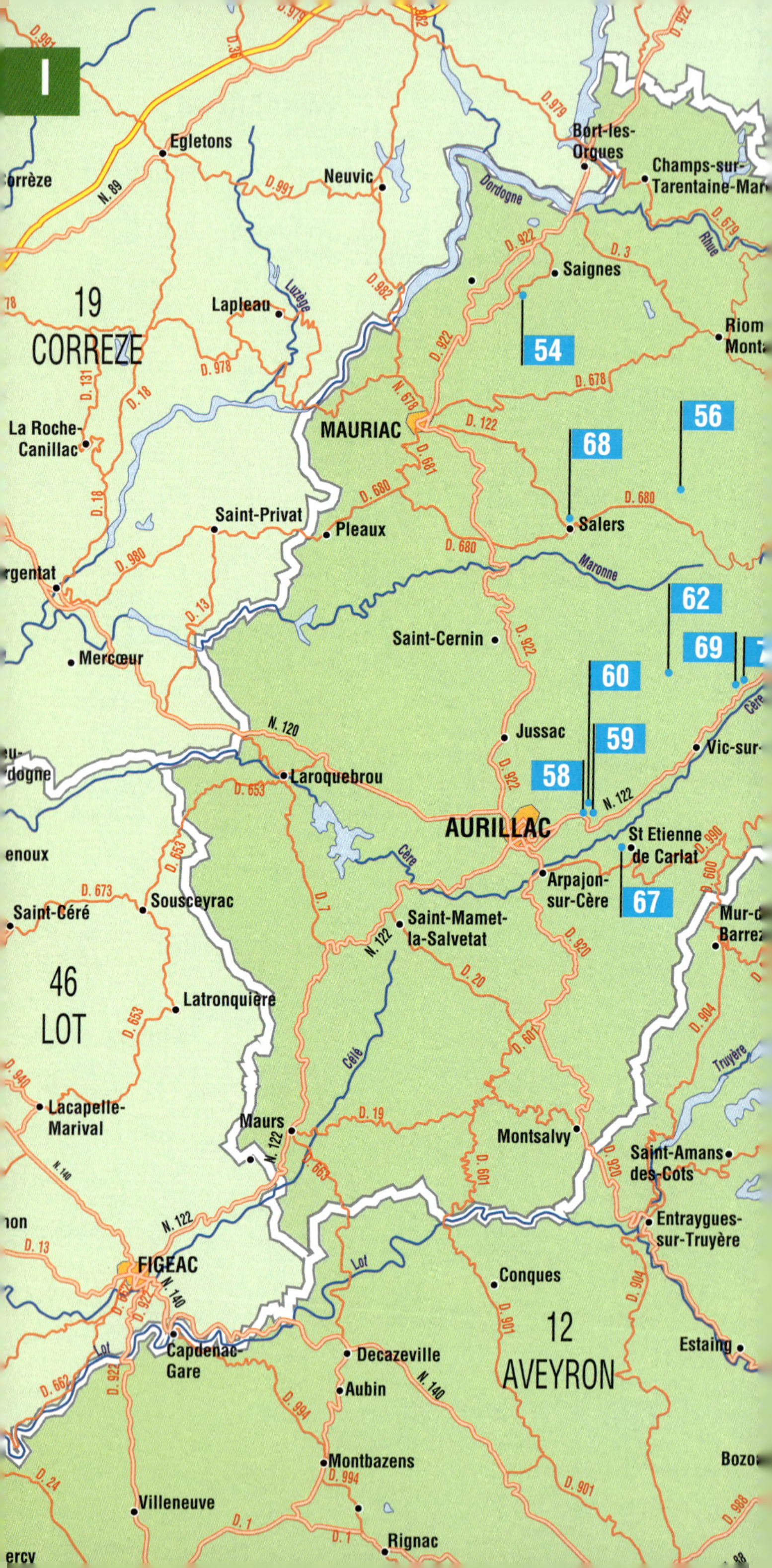
I
Egletons
Neuvic
Bort-les-Orgues
Champs-sur-Tarentaine-Mar
Dordogne
Rhue
Saignes
Lapleau
Luzège
19
CORREZE
Riom
Mont
54
La Roche-Canillac
MAURIAC
56
68
Saint-Privat
Pleaux
Salers
Maronne
62
rgentat
Saint-Cernin
69
Mercœur
60
Jussac
59
Vic-sur-
Cère
58
Laroquebrou
AURILLAC
St Etienne de Carlat
enoux
Arpajon-sur-Cère
67
Sousceyrac
Saint-Céré
Saint-Mamet-la-Salvetat
Mur-d
Barrez
46
LOT
Latronquière
Célé
Truyère
Lacapelle-Marival
Maurs
Montsalvy
Saint-Amans-des-Cots
Entraygues-sur-Truyère
FIGEAC
Conques
Lot
Capdenac-Gare
12
AVEYRON
Estaing
Decazeville
Aubin
Montbazens
Bozo
Villeneuve
Rignac
ercy
N. 89
N. 120
N. 122
N. 140
D. 991
D. 979
D. 922
D. 982
D. 978
D. 678
D. 122
D. 681
D. 680
D. 3
D. 679
D. 131
D. 18
D. 980
D. 13
D. 653
D. 673
D. 7
D. 920
D. 20
D. 601
D. 19
D. 663
D. 940
D. 904
D. 901
D. 994
D. 662
D. 24
D. 1
D. 988
D. 990
D. 600

Besse-et-Saint-Anastaise
63
PUY-DE-DOME
Saint-Germain-Lembron
Ardes
Jumeaux
Auzon
D. 999
D. 214
D. 978
A. 75
D. 5
N. 102
Allier
D. 588
Blesle
N. 9
D. 653
Alagnon
BRIOUDE
43
HAUTE-LOIRE
D. 588
N. 102
Massiac
D. 679
Allanche
N. 122
61
A. 75
Paulhaguet
N. 9
D. 10
D. 585
Recoules
Lavoûte-Chilhac
D. 585
D. 56
D. 680
Murat
D. 679
Alagnon
Langeac
D. 590
Le Lioran
15
CANTAL
D. 926
D. 990
SAINT-FLOUR
Pinols
D. 585
D. 921
Ruynes-en-Margeride
N. 9
55
D. 4
66
64
65
D. 990
D. 921
D. 589
Pierrefort
63
Truyère
Truyère
A. 75
N. 9
D. 587
Chaudes-Aigues
57
Le Malzieu-Ville
Fournels
D. 989
Saint-Chély-d'Apcher
Sainte-Geneviève-sur-Argence
D. 921
Saint-Alban-sur-Limagnole
48
LOZERE
D. 34
148
Aumont-Aubrac
Bès
D. 987
D. 900
Laguiole
Nasbinals
D. 15
D. 921
N. 9
D. 600
D. 987
Saint-Chély-d'Aubrac
D. 599
Marvejols
N. 106
A. 75
N. 9
D. 987
Espalion
N. 108
Saint-Germain-du-Teil
N. 88
D. 28
Saint-Geniez-d'Olt
Chanac
N. 106
D. 988
D. 986
D. 45
D. 2
D. 988
La Canourgue
D. 998
D. 32
D. 28
D. 45
Campagnac
Aveyron
Sainte-

J
31
HAUTE-GARONNE
ignac
Rieux
Montesquieu-Volvestre
Cazères
Saint-Martory
Salies-du-Salat
Sainte-Croix-Volvestre
Le Fossat
Saverdun
PAMIERS
Le Mas-d'Azil
Varilhes
Salat
Saint-Lizier
SAINT-GIRONS
La Bastide-de-Sérou
FOIX
Montgaillard
Augirein
Castillon-en-Couserans
Lez
Aleu
Massat
Oust
Ercé
Tarascon-sur-Ariège
Génat
Vicdessos
Lèze
Ariège
D. 626
D. 627
D. 628
D. 10
D. 13
D. 119
D. 117
D. 618
D. 9
140
141
143
144
145
ANDORRE
E S P A G N

A. 61
Alzonne
N. 113
D. 629
D. 624
D. 11
D. 625
Belpech
D. 6
Fanjeaux
Montréal
D. 119
D. 25
D. 102
D. 102
Hers
D. 625
D. 28
D. 119
Alaigne
D. 118
D. 104
Saint-Hilaire
D. 119
Mirepoix
D. 626
D. 623
D. 626
LIMOUX
D. 7
D. 620
11
AUDE
D. 625
Chalabre
D. 12
Couiza
D. 613
Lavelanet
D. 620
D. 118
D. 117
D. 117
Aude
D. 117
Quillan
09
ARIEGE
Hers
D. 613
Belcaire
Axat
D. 118
Cabannes
142
Unac
D. 613
46
Ax-les-Thermes
Quérigut
125
Mosset
66
PYRENEES-ORIENTALES
Ariège
122
Aude
120
124
Olette
126
121
D. 118
N. 116
Pas de la Casa
Llivia (Esp.)
Mont-louis
N. 20
Font-Romeu
119
Eyne
Saillagouse
N. 116
Sègre
123

K
LANDES
64
PYRENEES ATLANTIQU
Hagetmau
Geaune
Amou
Garlin
Arzacq-Arraziguet
Orthez
Salies-de-Béarn
Sauveterre-de-Béarn
Arthez-de-Béarn
Thèze
Lagor
Navarrenx
Monein
Lescar
Morlaàs
Billère
PAU
auléon-icharre
OLORON-SAINTE-MARIE
Lasseube
Nay-Bourdettes
Tardets-Sorholus
Aramits
Etchebar
Arudy
Saint-Pé-de-Bigorre
Laruns
Accous
Aucun
ARGE GAZO
Gourette
Cauterets
51
52
169
170
155
A. 64
N. 117
N. 134
Luy de France
Luy de Béarn
Gave d'Oloron
Saison
Gave de Pau
Gave d'Ossau
Gave d'Aspe

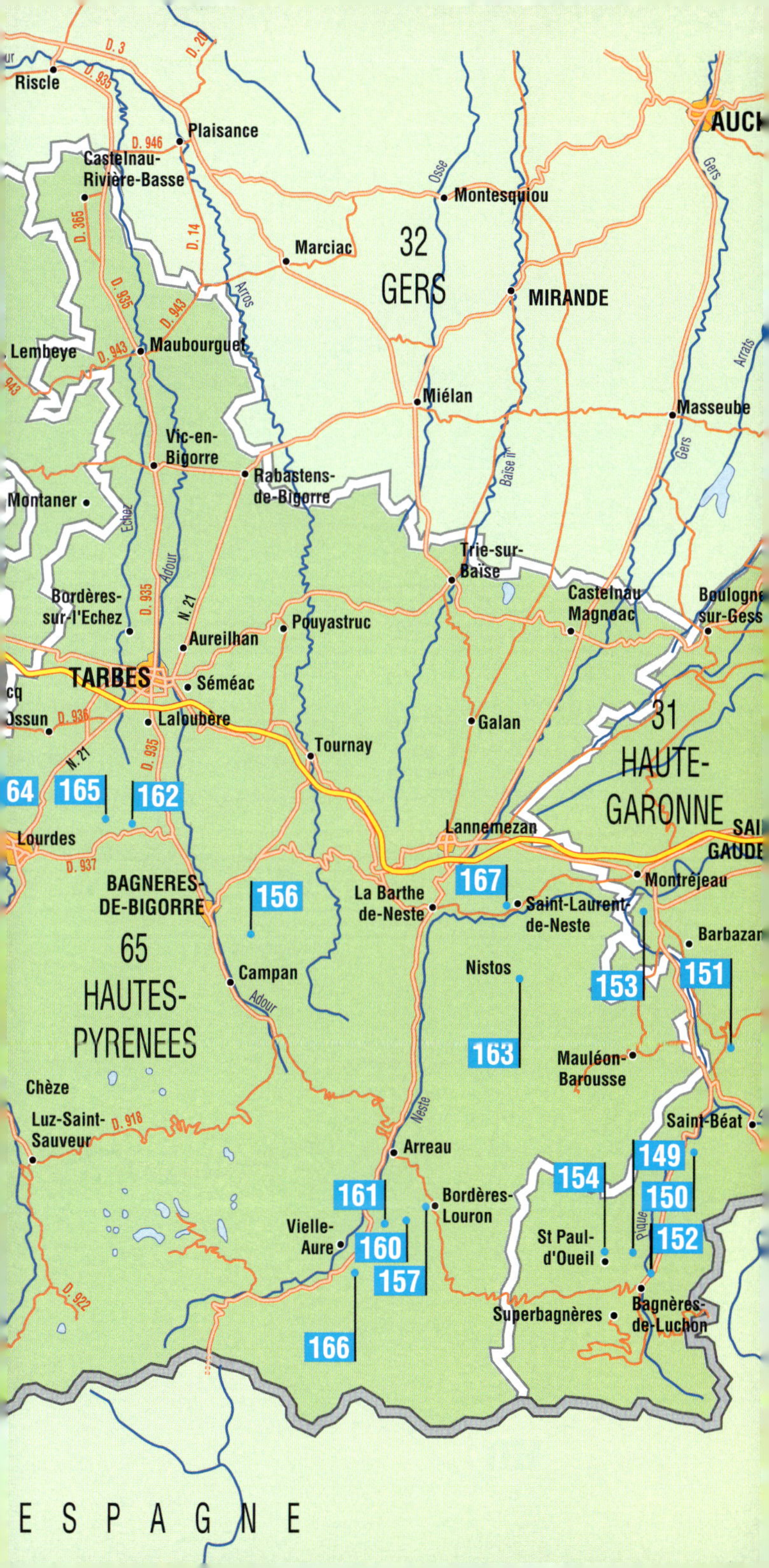

Riscle
D. 3
D. 20
D. 935
Plaisance
D. 946
Castelnau-Rivière-Basse
D. 365
D. 14
Marciac
32
GERS
Montesquiou
Osse
AUCH
Gers
MIRANDE
Arros
D. 935
D. 943
Lembeye
D. 943
943
Maubourguet
Miélan
Masseube
Arrats
Vic-en-Bigorre
Rabastens-de-Bigorre
Baïse
Gers
Montaner
Echez
Adour
Trie-sur-Baïse
D. 935
N. 21
Bordères-sur-l'Echez
Pouyastruc
Castelnau Magnoac
Boulogne-sur-Gess
Aureilhan
TARBES
Séméac
Ossun
D. 936
Laloubère
Galan
31
HAUTE-GARONNE
N. 21
D. 935
Tournay
64
165
162
Lourdes
D. 937
Lannemezan
SAINT-GAUDENS
BAGNERES-DE-BIGORRE
156
La Barthe de-Neste
167
Saint-Laurent-de-Neste
Montréjeau
Barbazan
65
HAUTES-PYRENEES
Campan
Adour
Nistos
153
151
163
Mauléon-Barousse
Chèze
Luz-Saint-Sauveur
D. 918
Neste
Arreau
Saint-Béat
149
154
150
161
Bordères-Louron
Vielle-Aure
160
St Paul-d'Oueil
Pique
152
157
D. 922
Superbagnères
Bagnères-de-Luchon
166
ESPAGNE

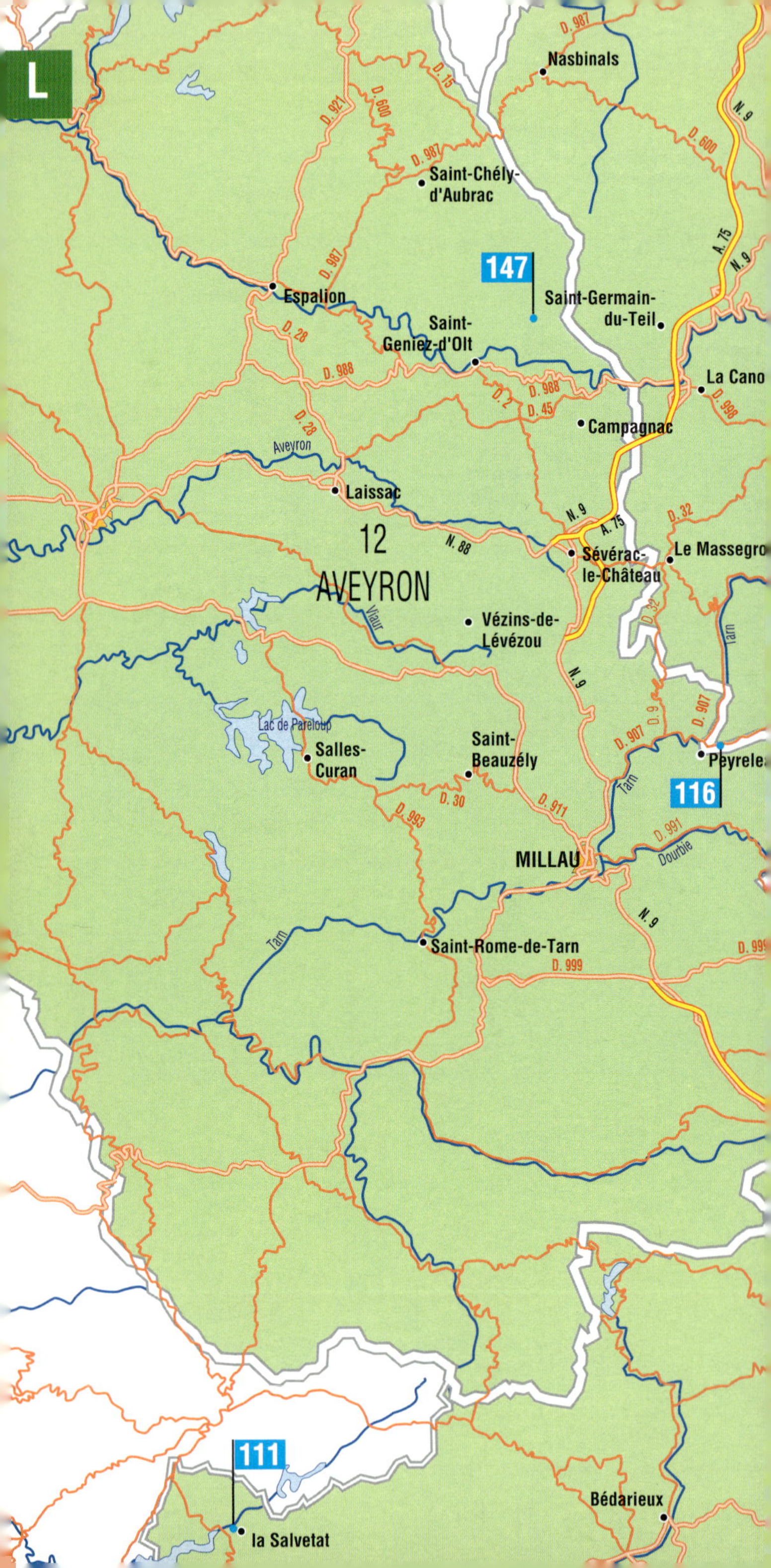
L
D. 987
Nasbinals
D. 15
D. 921
D. 600
N. 9
D. 600
D. 987
Saint-Chély-d'Aubrac
D. 987
A. 75
N. 9
147
Espalion
Saint-Germain-du-Teil
Saint-Geniez-d'Olt
D. 28
D. 988
La Cano
D. 2
D. 988
D. 45
D. 998
Campagnac
D. 28
Aveyron
Laissac
N. 9
A. 75
D. 32
12
N. 88
Sévérac-le-Château
Le Massegro
AVEYRON
Viaur
D. 32
Vézins-de-Lévézou
Tarn
N. 9
D. 907
D. 9
Lac de Pareloup
Saint-Beauzély
D. 907
Salles-Curan
Peyrele
Tarn
116
D. 30
D. 911
D. 993
D. 991
MILLAU
Dourbie
N. 9
Tarn
Saint-Rome-de-Tarn
D. 999
D. 999
111
Bédarieux
la Salvetat

Saint-Amans
Châteauneuf-de-Randon
Saint-Etienne-de-Lugdarès
114
07
ARDECHE
113
112
MENDE
Lot
Le Bleymard
Chanac
Villefort
115
Les Vans
Sainte-Enimie
Le Pont-de-Montvert
Génolhac
117
Tarn
FLORAC
Bessèges
Barre-des-Cévennes
118
Saint-Germain-de-Calberte
La Grand'-Combe
Meyrueis
Saint-André-de-Valborgne
30
GARD
Jonte
Tarnon
Gardon
Saint-Jean-du-Gard
Trèves
Valleraugue
l'Espérou
Dourbie
Dourbies
Hérault
Anduze
Lasalle
Gard
LE VIGAN
Sumène
Saint-Hippolyte-du-Fort
Sauve
Ganges
Quissac
Claret
Saint-Martin-de-Londres
Les Matelles
34
HÉRAULT
Castries
Castelnau-le-Lez
MONTPELLIER
Mauguio
Pignan
N. 88
N. 106
N. 108
N. 109
N. 110
D. 901
D. 906
D. 907
D. 998
D. 986
D. 996
D. 983
D. 984
D. 39
D. 48
D. 910
D. 982
D. 999
D. 986
D. 45
D. 35
D. 17
D. 65
D. 27
D. 19
A. 9

Alsace

BONHOMME (LE) Haut-Rhin

Les Myrtilles

Michèle Kempf
10 chemin de la Petite Montagne
68650 BONHOMME (LE)

720 m

- **Tél.** +33 (0)3 89 47 57 50
- **e-mail :** lesmyrtilles68@aol.com
- http://lesmyrtilles.ifrance.com
- **Ouverture :** ouvert toute l'année
- **Accès :** en montant la RN 415, 1ère à gauche après l'église
- **Curiosités :** route des crêtes, route des vins d'Alsace, village médiéval de Kaysersberg, parc naturel des Ballons des Vosges

3 km

1 km

25 km Colmar 75 km Mulhouse

Au cœur du parc naturel régional des Ballons des Vosges, en bordure de forêt, un chalet récent à l'architecture contemporaine. Chambres simples mais confortables. Mobiliers originaux en rondins. Petits déjeuners avec les confitures maison. Accueil sympathique avec des conseils personnalisés pour les visites et les randonnées. Une adresse pour les séjours familiaux ou entre amis de préférence.

2 chambres avec douche, WC, TV. 38 euros (1 pers.), de 38 à 43 euros (2 pers.), de 48 à 53 euros (3 pers.), 63 euros (4 pers.). Lit supp. 10 euros.

Au Relais

Josiane et Eric Frattinger
17 A rue du Relais
68690 GEISHOUSE

- **Tél.** +33 (0)3 89 38 94 16
- **Fax.** +33 (0)3 89 38 12 06
- **e-mail :** grunewaldjosy@aol.com
- www.a-loree-du-bois.com

- **Ouverture :** ouvert toute l'année
- **Accès :** en haut du village, suivre fléchage
- **Curiosités :** route des crêtes et route des vins, le Grand Ballon, musées de l'automobile et du chemin de fer

800 m

15 km

Sur place

4 km Thann — 50 km Mulhouse — 17 €

Dans un petit village de montagne, un chalet contemporain entouré d'un jardin fleuri. Belle vue sur les alentours et le Grand Ballon Chambres confortables à la décoration soignée et personnalisée Beaucoup de bois peints et de motifs au pochoir. Petit déjeuners copieux. Spécialités alsaciennes à la table d'hôtes. Accueil convivia et souriant. Possibilité de louer un gîte de séjour à Willer-sur-Thur.

1 suite et 2 chambres avec douche, WC. De 30 à 40 euros (1 pers.), de 40 à 50 euros (2 pers.). Lit supp. 15 euros adultes et 10 euros enfants.

GEISHOUSE Haut-Rhin

Chalet Violette

Violette et Robert Kueny
30 rue des Champs
68690 GEISHOUSE

750 m

- **Tél.** +33 (0)3 89 82 37 62
- **Ouverture :** ouvert toute l'année
- **Accès :** sur la RN 66 à Moosch, à droite vers Geishouse
- **Curiosités :** route des crêtes et route des vins, le Grand Ballon, musées de l'automobile et du chemin de fer

15 km
Sur place

4 km Thann 50 km Mulhouse

Chalet en bois avec vue panoramique sur le village et le "Grand Ballon". Lieu idéal pour se reposer ou randonner dans les forêts des Vosges. Accueil chaleureux par Violette qui "se met en quatre" pour ses hôtes.

1 chambre avec douche, WC. 35 euros (1 pers.), 45 euros (2 pers.).

ORBEY Haut-Rhin

Ferme de Schoultzbach

Sylvie Conreau
284 Schoultzbach
68370 ORBEY

800 m

5 km

5 km

- **Tél.** +33 (0)3 89 71 33 68
- **Fax.** +33 (0)3 89 86 50 74
- **e-mail :** conreau.sylvie@wanadoo.fr
- http://perso.wanadoo.fr/ferme.du.schoultzbach/
- **Ouverture :** ouvert toute l'année
- **Accès :** à 3 km , à la sortie d'Orbey en direction du Lac Blanc
- **Curiosités :** route des Crêtes, route du vin

25 km 100 km

Une ferme en activité avec une architecture typique du Pays Welsche. Les chambres sont situées dans l'ancien grenier à foin. Très confortables, leur décoration chaleureuse est plutôt réussie. Ambiance douillette "comme à la maison". Petits déjeuners fermiers savoureux et authentiques servis dans la cuisine ou le jardin. Accueil simple et sincère. Une adresse rare dans cette région ! Vente de produits de la ferme ou des fermes avoisinantes : munster, bargkass, confitures, charcuteries, vins, ... Repas savoureux de spécialités alsaciennes à la ferme-auberge voisine, tenue par la sœur de Sylvie.

3 chambres avec douche, WC. 38 euros (1 pers.), 45 euros (2 pers.), 60 euros (3 pers.).

ETCHEBAR Pyrénées-Atlantiques

Ibaremborde

Viviane et Thierry Blanchet-Artière
64470 ETCHEBAR
• **Tél.** +33 (0)5 59 28 59 48

400 m

- **Ouverture :** ouvert toute l'année
- **Accès :** fléchage à partir de Tardets
- **Curiosités :** le Pays Basque, Tardets-Sorholus, gorges de Kakouetta, l'Espagne

35 km Oloron 70 km Pau

Isolée en bout de route, une ferme Souletine restaurée au fil du temps à l'architecture typique, entourée de bois et de prairies. Chambres confortables à la décoration simple et colorée. Cuisine à disposition. Petits déjeuners variés : gâteaux et confitures maison, fromages,... Accueil convivial et soucieux du bien-être des hôtes. Ibaremborde est aussi un élevage de chevaux Merens et Halfinger. Possibilité de balades en ânes de bat. Un havre de paix en toute saison !

4 chambres avec douche, WC. 43 euros (2 pers.), 76 euros (4 pers.). Lit supp. 8 euros.

LACARRY Pyrénées-Atlantiques

Chambres d'hôtes Etché

Louise Etchegoyhen
64470 LACARRY
• Tél. +33 (0)5 59 28 55 14
• Fax. +33 (0)5 59 28 75 55
• e-mail : etchep@aol.com
• www.etche.online.fr

400 m

• Ouverture : ouvert toute l'année
• Accès : dans le village
• Curiosités : gorges de Kakouetta et de d'Ehujarre, forêt d'Iraty, passerelle d'Holzarte

60 km Pau 60 km Pau

Face aux montagnes, dans un lieu calme et serein, une maison typique souletine avec ses encadrements en pierre réalisés par le propriétaire. Vaste prairie et petits coins de verdure et de fleurs aménagés autour de la maison. Chambres spacieuses et confortables décorées avec goût. Petits déjeuners gourmands servis sur la terrasse. Pas de table d'hôtes, mais un restaurant où sont proposés les produits du terroir, à 200 m. Accueil simple et chaleureux pour cette bonne adresse de piémont.

3 chambres avec douche, WC. 35 euros (1 pers.), 45 euros (2 pers.), 60 euros (3 pers.), 75 euros (4 pers.). Lit supp. 15 euros.

MAYET-DE-MONTAGNE (LE) Allier

Le Couturon

Mireille Monat
La Cartonnée
03250 MAYET-DE-MONTAGNE (LE)
- **Tél.** +33 (0)4 70 56 45 14
- **e-mail :** mireille.monat@wanadoo.fr
- www.le-couturon.com

500 m

- **Ouverture :** ouvert toute l'année
- **Accès :** dir. Loges des Gardes
- **Curiosités :** musée de la Vannerie, monde des miniatures à St Pourçain, vins de St Pourçain, église romane de Châtel-Montagne

30 km Vichy 90 km Clermont-Ferrand 15 €

Une belle surprise au cœur de la montagne bourbonnaise ! Un vieux corps de ferme totalement restauré au cœur d'un site de verdure et de forêt privilégié. Chambres confortables coquettes et aux couleurs gaies. Beaux mobiliers campagnards. Petits déjeuners inoubliables sur la terrasse. Table d'hôtes à base de produits issus du terroir ou du jardin. Accueil chaleureux et convivial. Une bonne adresse !

5 chambres avec douche, WC. 30 euros (1 pers.), 40 euros (2 pers.), 50 euros (3 pers.), 60 euros (4 pers.). Lit supp. 10 euros.

Château de Bassignac

Annie et Jean-Michel Besson
15240 BASSIGNAC

- **Tél.** +33 (0)4 71 40 82 82
- **Fax.** +33 (0)4 71 40 82 82
- **e-mail :** chateau.bassignac@wanadoo.fr

450 m

- **Ouverture :** ouvert toute l'année
- **Accès :** Bassignac - Eglise
- **Curiosités :** Salers, parc national des Volcans

12 km Bort-les-Orgues

45 € avec boissons

Au cœur des volcans d'Auvergne et à deux pas de la cité médiévale de Salers, une maison forte des XIVème et XVIème siècle dans la même famille depuis plus de 100 ans. Charmant parc parsemé de cours fleuries auquel s'ajoute le bruissement d'un ruisseau. Chambres confortables aux mobiliers anciens. Table d'hôtes gastronomique. Accueil aimable et personnalisé.

1 suite et 5 chambres avec bain, douche, WC. De 40 à 100 euros (1 pers.), de 58 à 120 euros (2 pers.), 135 euros (3 pers.), 146 euros (4 pers.).

CHALIERS Cantal

Suzy et Michel Siquier
La Besse
15320 CHALIERS

820 m

- **Tél.** +33 (0)4 71 23 48 80
- **Fax.** +33 (0)4 71 23 48 80
- **Ouverture :** ouvert toute l'année
- **Accès :** sortie 31 sur l'A 75
- **Curiosités :** viaduc de Garabit, la Margeride et l'Aubrac, Saint-Flour

15 km Saint-Flour

14 € Bio

Aux confins du Cantal, de la Lozère et de la Haute-Loire, une maison de caractère de 1781 en pleine nature. Des chambres spacieuses et confortables avec mezzanine agréables en couple ou en famille. Décoration rustique et authentique chaleureuse. Cuisine soignée de plats traditionnels avec des produits de qualité cuits dans la cheminée. Petits déjeuners et dîners servis en été sous la tonnelle. Accueil sympathique. Une bonne adresse au naturel !

5 chambres avec douche, WC. 39 euros (1 pers.), 45 euros (2 pers.), 60 euros (3 pers.), 75 euros (4 pers.). Lit supp. 15 euros.

FALGOUX (LE) Cantal

Le Tahoul

Michèle et Gilles Lanneau
15380 FALGOUX (LE)
- **Tél.** +33 (0)4 71 69 51 67
- **Fax.** +33 (0)4 71 69 51 67
- www.letahoul.com
- **Ouverture :** 20 décembre au 11 novembre
- **Accès :** entre le Falgoux et le Puy Mary,
  à la Chaze, 1,7 km après dernière maison
- **Curiosités :** le Puy Mary, Salers

1100 m

4 km

35 km Murat

36 €

Bio

Au pied du Puy Mary, une grande maison typique auvergnate, en pierres volcaniques, rénovée avec des matériaux et des produits 100% écologiques. Vue panoramique sur les sommets environnants. Chambres confortables chauffées par rayonnement photonique. Literies en pure laine. Décoration contemporaine avec beaucoup de bois et de couleurs chaudes. Petits déjeuners avec pains et confitures maison. Table d'hôtes végétarienne. Accueil simple et chaleureux. Une maison idéale pour se ressourcer !

2 suites et 3 chambres avec bain ou douche, WC. En demi-pension pour 1 pers. 36 euros et 43 euros en pension complète. Remises enfants.

Auvergne
FRIDEFONT Cantal

Josette et Gilbert Chassany
Le Bourg
15110 FRIDEFONT
• **Tél.** +33 (0)4 71 23 56 10
• **Fax.** +33 (0)4 71 23 59 89
• www.deuxvallées.com

930 m

• **Ouverture :** ouvert toute l'année
• **Accès :** dans le bourg
• **Curiosités :** Garabit, gorges du Bès et de la Truyère, château d'Aleuze, barrage de Grand val, Saint-Flour

30 km Saint-Flour

12 €

A deux pas de l'Aubrac, de la Margeride et des volcans du Cantal, une ferme de caractère en activité pour des séjours en famille réussies. Bons produits de la ferme servis copieusement aux petits déjeuners et aux repas. Un lieu idéal pour se reposer ou comme base de depart pour la randonnée pédestre. Accueil authentique et familiale.

1 suite et 3 chambres avec bain ou douche, WC. 37 euros (2 pers.), 49 euros (3 pers.), 61 euros (4 pers.). Lit supp. 8 euros.

GIOU-DE-MAMOU Cantal

Barathe

Isabelle, Pierre et Julien Breton
15130 GIOU-DE-MAMOU

- **Tél.** +33 (0)4 71 64 61 72
- **e-mail :** barathe@wanadoo.fr
- www.monsite.wanadoo.fr/barathe
- **Ouverture :** ouvert toute l'année
- **Accès :** près du village
- **Curiosités :** Monts du Cantal, Salers, Aurillac, Plomb du Cantal, Super Lioran, Puy Mary

750 m

Le Lioran

Le Lioran

8 km Aurillac 8 km Aurillac

Un manoir typiquement auvergnat de 1777 entouré de pâturages de vaches Salers. Les chambres sont simples, spacieuses et très agréables à vivre. Belle salle à manger rustique où sont servis de succulents plats régionnaux auvergnats. Une bonne base pour visiter la région !

5 chambres avec douche, WC. 45 euros (2 pers.). 35 euros par pers. en demi-pension.

La Maison

Michèle et Alain Lafon
15130 GIOU-DE-MAMOU
- **Tél.** +33 (0)4 71 64 51 55
- **e-mail :** lafonalain@voila.fr
- http://site.voila.fr/chlaf

- **Ouverture :** ouvert toute l'année
- **Accès :** suivre panneaux
- **Curiosités :** Puy Mary, Salers, Super Lioran, les monts du Cantal

710 m

Le Lioran

Le Lioran

8 km Aurillac 8 km Aurillac 12 €

Une maison de maître au cœur du village construite en 1828 en pierres apparentes et couverte d'ardoises du pays. Jardin avec piscine. Chambres très confortables à la décoration raffinée. Jolis choix de tissus aux couleurs gaies. Petits déjeuners et table d'hôtes savoureux. Accueil sympathique et attentionné. Une vraie maison de famille pour retrouver la douceur de vivre d'antan. Une très belle adresse !

4 chambres avec bain ou douche, WC. Suivant saison : de 35 à 40 euros (1 pers.), de 43 à 50 euros (2 pers.), de 57 à 65 euros (3 pers.). Lit supp. 15 euros.

Auvergne

GIOU-DE-MAMOU Cantal

Danièle Vermeersch
La Granière
15130 GIOU-DE-MAMOU
- **Tél.** +33 (0)4 71 64 00 69
- **e-mail :** jcevermeersch@wanadoo.fr

700 m

- **Ouverture :** ouvert toute l'année
- **Accès :** à l'est d'Aurillac près de la RN 122
- **Curiosités :** Aurillac, Salers, Conques, les volcans Cantalien sur la route de St Jacques-de-Compostelle

6 km Aurillac 6 km Aurillac 17 € Bio

Au bord du Giou, une maison contemporaine nichée dans les arbres. Une piscine sur une des terrasses de la maison. Grand jardin arboré et fleuri. Chambres confortables avec chacune une décoration différente : vieux meubles, tapis et ambiance classique pour "Jonquille", bois du sol au plafond pour "Montagne" et la suite. Petits plats d'Auvergne et cuisine d'ailleurs à la table d'hôtes. Accueil sympathique. Danièle et Jacques (spécialiste de l'économie rurale du Cantal) ont le souci de bien orienter leurs hôtes sur les richesses de leur région.

1 suite et 2 chambres avec bain ou douche, WC. 52 euros (1 ou 2 pers.), 70 euros (3 pers.).

Auvergne
JOURSAC Cantal

La Barajade

Alain Nicolleau
Recoules
15170 JOURSAC

- **Tél.** +33 (0)4 71 20 59 12
- **Fax.** +33 (0)4 71 20 59 12
- http://perso.libertysurf.fr/recoules
- **Ouverture :** février et du 1er avril au 15 novembre
- **Accès :** sur la D26
- **Curiosités :** plateau du Cézallier, le massif volcanique

1120 m

Le Lioran

7 km Neussargues 70 km Aurillac 12,50 €

Dans un environnement calme et protégé, une maison étonnante typique du Cézallier avec une salle-à-manger et son "Cantou", lits alcoves, mobiliers anciens. Grand jardin plein sud. Accès indépendants à l'étage pour les chambres spacieuses et confortables. Copieuse cuisine régionale avec les charcuteries maison et les légumes du jardin. Accueil chaleureux. Une belle adresse !

5 chambres avec douche, WC. 32 euros (1 pers.), 42 euros (2 pers.), 56 euros (3 pers.), 70 euros (4 pers.). Lit supp. 14 euros.

Château de Prat Niau

Annemiek et Tjeert Steenbrugge-Kok
15590 LASCELLES

• **Tél.** +33 (0)4 71 47 94 03
• **e-mail :** tjeert@wanadoo.fr
• www.pratniau.com

750 m

• **Ouverture :** ouvert toute l'année
• **Accès :** d'Aurillac D 17 dir. Puy Mary
• **Curiosités :** le puy Mary et la vallée de la Jordanne, Salers, château de Pesteils, d'Anjony et de Sedaiges, station de Super Lioran

16 km Aurillac 16 km Aurillac 15 € Bio

Une belle maison de caractère de 1605 au cœur d'un grand parc avec ses prairies bordées par la rivière Jordanne, son jardin clos et son verger. Chambres spacieuses aux murs et boiseries aux teintes pastels. Décoration sobre avec quelques meubles anciens. Table d'hôtes végétarienne. Accueil sympathique et naturel. Possibilité de louer un grand gîte pour les séjours. Gîte d'étape pour les randonneurs.

6 chambres avec douche, WC. 30 euros (1 pers.), 41 euros (2 pers.), 54 euros (3 pers.). Lit supp. 13 euros

Auvergne

LIEUTADES Cantal

Denise Gilibert-Devors
Esclauzet
15110 LIEUTADES
• **Tél.** +33 (0)4 71 73 83 16
• **Fax.** +33 (0)4 71 73 82 36

930 m

• **Ouverture :** ouvert toute l'année
• **Accès :** dans le hameau
• **Curiosités :** Chaudes-Aigues, Laguiole, le plateau de l'Aubrac, gorges de la Truyère

45 km Saint-Flour 80 km Rodez 11 €

Le calme, une nature vierge pour cette maison traditionnelle en pierre du début du siècle à deux pas des gorges de la Truyère et des plateaux de l'Aubrac. Jolis abords fleuris et terrasse avec une belle vue sur la nature environnante. Chambres à la décoration sobre mais agréables et bien tenues. Bonne table à base de spécialités du terroir. Accueil chaleureux et sincère par ce couple d'agriculteurs plein d'humour et de joie de vivre.

4 chambres avec douche, WC. 32 euros (1 pers.), 42 euros (2 pers.).

La Roseraie

Brigitte Dussuelle
Le Bourg
15260 ORADOUR

- **Tél.** +33 (0)4 71 23 92 43
- **Fax.** +33 (0)4 71 23 94 55
- **e-mail :** laroseraie@bigfoot.com
- http://perso.wanadoo.fr/gite.laroseraie

950 m

- **Ouverture :** du 15 mars au 15 novembre
- **Accès :** dans le bourg derrière l'église
- **Curiosités :** ville médiévale de Saint-Flour, gorges de la Truyère, thermes de Chaudes-Aigues, massif du Plomb du Cantal, l'Aubrac

25 km Saint-Flour

15 €

Une belle maison de maître de 1870 dans un grand parc arboré (avec un séquoia géant) et fleuri (roses anciennes) avec une très belle vue sur les plateaux d'Aubrac. Meubles anciens dans toutes les chambres très confortables. Couleurs chaudes sur les murs et fleuries pour les lits. Atmosphère soignée et chaleureuse. Bonne table et accueil sympathique. Une bonne adresse !

3 chambres avec bain ou douche, WC. 35 euros (1 pers.), 44 euros (2 pers.), 54 euros (3 pers.), 64 euros (4 pers.).

Sandine

Catherine Giraud-Weil
Lieuriac
15260 ORADOUR
- **Tél.** +33 (0)4 71 23 39 78
- **e-mail :** sandine.hotes@club-internet.fr
- www.ifrance.com/sandine

1000 m

- **Ouverture :** ouvert toute l'année
- **Accès :** suivre la direction de Chaudes-Aigues
- **Curiosités :** ville médiévale de Saint-Flour, gorges de la Truyère, thermes de Chaudes-Aigues, massif du Plomb du Cantal

25 km Saint-Flour

11 €

Entre Saint-Flour et Aurillac, une maison de caractère de pur style auvergnat de 1872 rénovée. Verger ou terrasse pour se reposer ou jouer au ping-pong. Chambres confortables à la décoration de mobiliers anciens campagnards. Feux de bois l'hiver dans le "Cantou" pour des discussions passionnées avec vos hôtes sur la peinture et la vie... Table d'hôtes avec des spécialités régionales. Accueil simple et convivial.

4 chambres avec bain ou douche, WC. 32 euros (1 pers.), 38 euros (2 pers.), 47 euros (3 pers.), 50 euros (4 pers.).

Château de Lescure

Sophie et Michel Verhulst-Couillaud
Lescure
15230 PIERREFORT
- **Tél.** +33 (0)4 71 73 40 91
- **Fax.** +33 (0)4 71 73 40 91
- **e-mail :** michel.couillaud@wanadoo.fr
- www.multimania.com/psvlescure
- **Ouverture :** ouvert toute l'année
- **Accès :** au pont avant St-Martin, tourner à droite vers Brezons, puis 3 km
- **Curiosités :** le lac de Sarrans, le Cantal, parc naturel régional des Volcans d'Auvergne, la Vallée de Brezons

850 m

15 km

7 km

35 km St-Flour

25 € Bio

Un dépaysement total dans ce château situé près du plus grand volcan éteint d'Europe et d'une très belle vallée glaciaire. Une demeure des XIème et XVIIIème siècles qui a gardé son atmosphère d'époque. Chambres spacieuses à la décoration faite de meubles anciens. Une cuisine auvergnate à base de produits bio, preparée au feu de bois. Accueil sympathique et ambiance garantie !

2 suites et 1 chambre avec bain ou douche, WC. 65 euros (2 pers.).

Auvergne

SAINT-ETIENNE-DE-CARLAT Cantal

Lou Ferradou

Francine et Jacky Balleux
Caizac
15130 SAINT-ETIENNE-DE-CARLAT
• **Tél.** +33 (0)4 71 62 42 37
• **Fax.** +33 (0)4 71 62 42 37
• **e-mail :** lou.ferradou@tiscali.fr
• www.louferradou.com

800 m

• **Ouverture :** ouvert toute l'année
• **Accès :** Aurillac, D 990 dir. Mur-de-Barez, 10 km et route à gauche dir. Caizac
• **Curiosités :** Aurillac, rocher de Carlat, château de Pesteils, monts du Cantal,

15 km Aurillac 15 km Aurillac 13 € Bio

A deux pas des Monts du Cantal, une superbe vieille demeure auvergnate restaurée du XIXéme siècle qui a gardé son charme authentique d'autrefois. Salle de détente dans la remise avec un billard. Belles chambres bien aménagées et gaies. Mobiliers campagnards anciens. Spécialités du terroir et produits du potager à la table d'hôtes. Accueil chaleureux. Convivialité garantie pour garder ou retrouver la bonne humeur ! Une adresse incontournable en Auvergne...

6 chambres avec bain ou douche, WC. 31 euros (1 pers.), de 42 à 54 euros (2 pers.) 60 euros (3 pers.), de 68 à 72 euros (4 pers.).

Auvergne

SALERS Cantal

Nathalie et Emmanuel Bray
Rue de Barrouze
15140 SALERS
- **Tél.** +33 (0)4 71 40 78 08
- http://monsite.wanadoo.fr/location.salers.bray/

950 m

- **Ouverture :** ouvert toute l'année
- **Accès :** dans le village
- **Curiosités :** Salers, le Puy Mary, Vulcania

40 km Aurillac 40 km Aurillac

Au cœur de la cité médiévale, classée plus beau Village de France, une maison de caractère restaurée au toit de lauze. Petit jardin et terrasse. Très belles chambres décorées avec goût avec du mobilier ancien. Petits déjeuners gourmands et copieux autour de confitures et spécialités maison. Accueil simple et chaleureux par des auvergnats depuis plusieurs générations. Une de nos adresses préférées en Auvergne !

1 suite et 2 chambres avec douche, WC. Suite de 46 à 58 euros (2 pers.), chambres de 41 à 48 euros (2 pers.). Lit supp. 12 euros.

Auvergne
THIEZAC Cantal

Chambres d'Hôtes de Muret

Marie-Claude et Jean-Paul Laborie
Muret
15800 THIEZAC

800 m

- **Tél.** +33 (0)4 71 47 51 23
- **e-mail :** m-claude.laborie@wanadoo.fr
- www.maisondemuret.com
- **Ouverture :** ouvert toute l'année
- **Accès :** entre Thiézac et Vic-sur-Cère, dir. Salilhes, 600 m après le carrefour
- **Curiosités :** Puy-Mary, Puy Griou, Vic-sur-Cère, la station du Lioran, Plomb du Cantal

3 km Vic-sur-Cère 25 km Aurillac 14 €

A quelques minutes de Vic-sur-Cère et de la station de ski du Lioran, une ancienne maison à l'architecture traditionnelle de la fin du XVIIIème siècle. Grand parc arboré et fleuri. Chambres confortables décorées de meubles anciens et vue sur la vallée. Chacune porte le nom d'un sommet environnant : Puy Griou, Puy Mary, Plomb du Cantal et Elancèze. Petits déjeuners et spécialités du pays à la table d'hôtes servis devant le "cantou" (cheminée). Accueil convivial par Marie-Claude et Jean-Paul soucieux de faire découvrir les atouts de leur magnifique région.

4 chambres avec bain ou douche, WC. 45 euros (2 pers.). Lit supp. 13 euros.

Auvergne

THIEZAC Cantal

La Bastide Haute

Myriam de Mahé
15800 THIEZAC
- **Tél.** +33 (0)4 71 47 02 71
- **e-mail :** myriam.demahe@wanadoo.fr
- www.labastidehaute.com

1000 m

- **Ouverture :** ouvert toute l'année
- **Accès :** à Thiézac D 59 face à la Poste et suivre sur 5 km les panneaux
- **Curiosités :** route des Crêtes, Super-Lioran

7 km Vic-sur-Cère 30 km Aurillac 13 € Bio

Au cœur des volcans d'Auvergne, une maison de maître du XIIIème siècle perdue au milieu de la montagne et en position dominante sur la vallée. Grand parc ombragé autour de la maison. Chambres très confortables à la décoration d'un goût très sûr : meubles de familles, choix des tissus, bibelots, ... Table d'hôtes gourmande et bio autour de recettes traditionnelles avec les produits de la cueillette, du jardin et des fermes voisines. Accueil sympathique. Une adresse pour retrouver le "goût des choses simples et le temps de vivre".

1 suite et 4 chambres avec bain ou douche, WC. Demi-pension par jour : 49 euros (1 pers.), de 38 à 61 euros par pers. (base 2 pers.).

7 mars $17^{30} - 19^{30}$

chez Sylvie I s

27, 31.12.

Eckhart Tolle

3112

"Le pouvoir du moment présent"

info@ot-lepuyenvelay.fr

Auvergne

ALLEGRE Haute-Loire

L'Ancienne Baronnie

Stéphanie et Fabien Charreyre
5 place du Marchédial
43270 ALLEGRE

1080 m

- **Tél.** +33 (0)4 71 00 22 44
- **Fax.** +33 (0)4 71 00 22 44
- **e-mail :** stephanie-charreyre@club-internet.fr

- **Ouverture :** de février à novembre
- **Accès :** sur la place du marché
- **Curiosités :** le Puy-en-Velay, la Chaise-Dieu, les gorges de l'Allier et de la Loire

26 km Le Puy-en-Velay 20 km Loudes 15 €

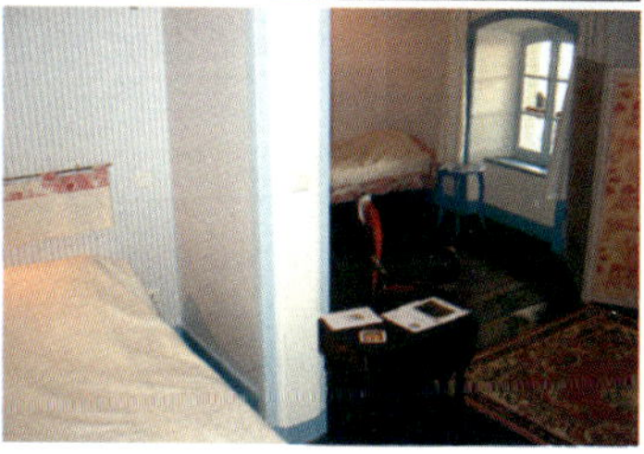

Dans le village médiéval dominé par les ruines d'une des plus grandes forteresses du Velay, une maison de maître bâtie en 1435. Très grand parc arboré de 5 ha. Chambres confortables à la décoration thématique : chacune "raconte" une période de l'histoire de la maison. Beaux mobiliers et tapis anciens. À la table d'hôtes ou au petit déjeuner, dégustation des produits locaux et du terroir : lentilles, truite fumée, veau fermier, ... Accueil simple et convivial dans une maison de famille authentique.

2 suites et 3 chambres avec bain, WC. De 35 à 49 euros (1 pers.), de 40 à 49 euros (2 pers.), 49 euros (3 pers.).

Xavier de Grossouvre
Montbonnet
43370 BAINS

1180 m

- **Tél.** +33 (0)6 84 62 77 25
- **Fax.** +33 (0)4 71 57 59 45
- **Ouverture :** du 1er avril au 31 octobre
- **Accès :** sur la route Le Puy-Saugues (D 589)
- **Curiosités :** le chemin de St-Jacques de Compostelle
  le Puy-en-Velay et le Velay

16 km Le Puy 8 km Le Puy-Loudes 18 €

Une vieille maison paysanne du XVIIIème siècle soigneusement conservée. Œuvres originales sur les murs. Chambres simples, claires et meublées de mobiliers d'époque. Petits déjeuners et repas, cuisinés dans la cheminée, pris dans l'étonnante ancienne étable. Accueil chaleureux. Une adresse prisée et recommandée sur le fameux Chemin de Sant-Jacques de Compostelle !

3 chambres avec douche, WC. 28 euros (1 pers.), 34 euros (2 pers.), 40 euros (3 pers.), 46 euros (4 pers.).

Ferme Auberge de Margaridou

Thierry Vargues
Aubeyrat
43450 BLESLE

550 m

- **Tél.** +33 (0)4 71 76 22 29
- **Fax.** +33 (0)4 71 76 22 35
- **e-mail :** margaridou@wanadoo.fr
- www.margaridou.com

- **Ouverture :** du 1er avril au 1er novembre
- **Accès :** au village, suivre le fléchage
- **Curiosités :** vallée de l'Allagnon

12 km Massiac 65 km Clermont-Ferrand 20 €

Une ancienne bergerie de 1843 à la restauration exemplaire. Une table excellente qui vaut le détour... mais aussi des chambres agréables et confortables avec vue sur la Vallée de l'Alagnon. Décoration recherchée avec quelques mobiliers anciens. Piscine devant la maison. Boutique de produits de la ferme. Pour les gourmands et les gourmets avant tout !

5 chambres avec douche, WC. 58 euros (2 pers.). Lit supp. 20 euros.

CHAMBON-SUR-LIGNON (LE) Haute-Loire

Auberge Chez Léon

Annie et Patrick Grandouiller
route du Golf
43400 CHAMBON-SUR-LIGNON (LE)
- **Tél.** +33 (0)4 71 65 90 39
- **Fax.** +33 (0)4 71 59 79 61
- **e-mail :** patrickgrandouiller@mac.com
- www.charleston-leon.net

1000 m

- **Ouverture :** ouvert toute l'année
- **Accès :** sur la route du golf
- **Curiosités :** lac de Devesset, hauts plateaux ardéchois, source de la Loire, le Velay

65 km St-Etienne 65 km St-Etienne-Bouth. 15 à 25 €

En pleine nature, au milieu des prés et des bois, une ancienne ferme vieille de plus de deux siècles totalement réaménagée. Jardin arboré et fleuri avec un sentier botanique d'initiation, entretenu par le grand-père. Accès indépendant pour les chambres spacieuses et confortables. Ambiance chaleureuse du bois et des murs en granit des hauts plateaux du Velay. Petits déjeuners raffinés et copieux avec confitures maison et miel de pays. À découvrir : la cuisine alléchante et réputée de Patrick. Accueil simple, chaleureux et authentique.

4 chambres avec douche, WC. 37 euros (1 pers.), 49 euros (2 pers.).

ESTABLES (LES) Haute-Loire

Les Ecuries du Mézenc

Bruno Tomozyk
La Ferme Chamard
43150 ESTABLES (LES)

- **Tél.** +33 (0)4 71 08 30 53
- **Fax.** +33 (0)4 71 08 30 53
- **e-mail :** karine.herrylaussonne@wanadoo.fr

- **Ouverture :** ouvert toute l'année
- **Accès :** dans le village suivre la route de Freycenet-Lacuche
- **Curiosités :** le Puy-en-Velay, paysages du Mézenc, sources de la Loire, Moudeyres, l'Ardèche

1370 m

Sur place

Sur place

35 km Le-Puy-en-Velay 45 km Le Puy-Loudes 15 €

Un environnement unique et préservé avec vue sur le Mont-Mézenc et les Cévennes. À votre porte, randonnées à pied, VTT, raquettes ou skis. Apéritif près du "Cantou", puis à table pour découvrir une cuisine appétissante. L'hiver, il n'est pas rare de rejoindre votre hôte en motoneige depuis le village ! Pas de souci, Karine est médecin... Une adresse étonnante !

3 chambres avec douche, WC. 42 euros (1 ou 2 pers.), 50 euros (3 pers.), 58 euros (4 pers.).

Auvergne

MOUDEYRES Haute-Loire

Le Moulinou

Lucia et Bertrand Gaboriaud
43150 MOUDEYRES

- **Tél.** +33 (0)4 71 08 30 52
- **Fax.** +33 (0)4 71 08 30 27
- **e-mail :** lucia.gaboriaud@wanadoo.fr
- http://lemoulinou.free.fr
- **Ouverture :** du 28 décembre au 31 octobre
- **Accès :** à 2 km du village de Chaumières
- **Curiosités :** Chaumières, Le Puy-en-Velay

1230 m

5 km Les Estables

5 km Les Estables

25 km Le Puy-en-Velay 75 km Saint-Etienne 16 €

Ancienne ferme typique du Mont Mézenc. Un paysage sauvage et un environnement de nature exceptionnels sur ce plateau verdoyant d'origine volcanique. Chambres superbes et très confortables. Bain à remous pour se remettre de ses efforts de la journée ou se relaxer. Table gourmande. Soirée passée au coin de la cheminée. Été comme hiver, une de nos adresses préférées. Un vrai bonheur ici pour ceux qui aiment les grandes espaces !

5 chambres avec douche, WC. 35 euros (1 pers.), 45 euros (2 pers.), 55 euros (3 pers.), 65 euros (4 pers.). Lit supp. 10 euros.

La Gourmantine

Lydie et Freddy Saimour
chemin de Ridet
43000 POLIGNAC
- **Tél.** +33 (0)4 71 05 94 29
- **Fax.** +33 (0)4 71 05 94 29
- **e-mail :** la.gourmantine@wanadoo.fr
- http://perso.wanadoo.fr/la.gourmantine/

- **Ouverture :** ouvert toute l'année
- **Accès :** dans le village, au pied de la forteresse
- **Curiosités :** la forteresse du Xème siècle de Polignac, le Puy-en-Velay, le chemin de St-Jacques-de-Compostelle

700 m

Les Estables

Les Estables

5 km Le Puy-en-Velay 10 km Loudes 19 € Bio

Près du Puy-en-Velay, au pied de la forteresse du Xème siècle du village de Polignac, une ancienne ferme du XVIIIème siècle entièrement rénovée. Chambres de charme très confortables à la décoration personnalisée : marine, romantique, ... Petits déjeuners, avec pains maison, servis dans la salle à manger des "Collections"... et dîners gourmands servis dans la salle à manger "Claude Monet". Cuisine familiale à base de produits du terroir, accompagnée de vins biologiques. Accueil chaleureux. Possibilité, sur demande, d'effectuer un vol en montgolfière au-dessus du Velay.

1 suite et 4 chambres avec douche, WC. De 42 à 50 euros (1 pers.), de 47 à 55 euros (2 pers.), de 65 à 70 euros (3 pers.), 85 euros (4 pers.). Lit supp. 15 euros.

QUEYRIERES Haute-Loire

La Boria Delh Chastel

Kathy Chalot-Levrat
Le Bourg
43260 QUEYRIERES
- **Tél.** +33 (0)4 71 57 70 81
- **Fax.** +33 (0)4 71 57 70 81
- **e-mail :** la-boria@wanadoo.fr
- http://perso.wanadoo/fr/laboria

1140 m

- **Ouverture :** ouvert toute l'année
- **Accès :** à 2 km des pistes de ski de fond du Meygal
- **Curiosités :** Le Puy-en-Velay, forêt du Meygal

22 km Le Puy-en-Velay 50 km St Etienne 16 € Bio

Au cœur de la forêt du Meygal, une ancienne ferme du XVIIIème siècle entièrement rénovée où la pierre et le bois sont partout présents. Chambres confortables et spacieuses où l'on se sent bien. Couleurs chaudes et pastels sur les murs et les jetées de lit. Repas et petits déjeuners pris sur la grande table de ferme. Au menu, légumes du potager, produits et recettes du terroir. Accueil soucieux d'échanger avec ses hôtes. Séjours à thème organisés par Kathy, médecin nutritionniste, sur la diététique, la cuisine végétarienne, sans gluten, ...

4 chambres avec bain ou douche, WC. 34 euros (1 pers.), 48 euros (2 pers.), 64 euros (3 pers.), 76 euros (4 pers.). Lit supp. 12 euros.

Les Bastides du Mézenc

Erik den Haese
Les Bastides
43550 SAINT-FRONT
- **Tél.** +33 (0)4 71 59 51 57
- **Fax.** +33 (0)4 71 59 51 57
- **e-mail :** info@lesbastidesfrance.com
- www.lesbastidesfrance.com
- **Ouverture :** ouvert toute l'année
- **Accès :** à 4 km du lac de St-Front, vers Les Estables
- **Curiosités :** le Puy-en-Velay, le Chambon-sur-Lignon, sources de la Loire, le Mont-Mézenc, Moudeyres, Bigors

1350 m

8 km Mont-Alambre

2 km Saint-Front

30 km Le Puy 30 km Le Puy 25 € Bio

Sur les flancs nord du Mont-Mézenc, une ferme aux toits de lauze et aux murs de granit, totalement restaurée, perdue sur les plateaux du Velay, parsemés de sucs et de dykes volcaniques. Chambres spacieuses et très confortables. Décoration empreinte d'authenticité. Mobiliers rustiques et campagnards dans l'immense salle de séjour. Table d'hôtes originale avec les produits du potager et du terroir, et en saison l'inoubliable "Fin gras du Mézenc". Plats végétariens sur demande. Accueil convivial et attentionné. Une très bonne adresse pour son environnement exceptionnel !

2 suites et 2 chambres avec douche, WC. 69 euros (1 pers.), 118 euros (2 pers.). Lit supp. 59 euros.

SAINT-FRONT Haute-Loire

La Vidalle d'Eyglet

Claude-Paule et François Leloustre
La Vidalle
43550 SAINT-FRONT

- **Tél.** +33 (0)4 71 59 55 58
- **Fax.** +33 (0)4 71 59 55 58
- **e-mail :** vidalle@free.fr
- http://vidalle.free.fr
- **Ouverture :** ouvert toute l'année
- **Accès :** sur la D 500 à mi-chemin entre St-Front et Les Estables
- **Curiosités :** le Mézenc, sources de la Loire, le Puy-en-Velay, Chaumières, Chaudeyrolles

1350 m

6 km Mont-Alambre

2 km Saint-Front

27 km Le Puy-en-Velay

25 € Bio

Panorama unique sur les montagnes, les pâturages pour cette ferme des XVIème et XVIIème siècle restaurée avec soin au pied du Mont Mézenc. Chambres spacieuses, confortables et décorées avec goût : beaux mobiliers anciens, élégants tissus, bibelots, ... Grand salon bibliothèque et atelier de peinture dans la grange. Cuisine auvergnate et provençale à la table d'hôtes. Accueil sympathique. Calme et sérénité pour cette adresse de pleine nature. Séjours à thème organisés tout au long de l'année : peinture, découverte de légumes et fleurs sauvages, ...

5 chambres avec bain, WC. 69 euros (2 pers.).

SAINT-JULIEN-MOLHESABATE Haute-Loire

La Maison d'en Haut

Christiane et Roland Sigrist
Malatray
43220 SAINT-JULIEN-MOLHESABATE
• **Tél.** +33 (0)4 71 61 96 20
• **e-mail :** rsigrist@wanadoo.fr
• www.maison-den-haut.com

1000 m

• **Ouverture :** ouvert toute l'année
• **Accès :** sur la D 44 à mi-chemin entre Riotor et St Bonnet-le-Froid
• **Curiosités :** foire aux champignons à St-Bonnet, St-Agrève, pêche à la truite, cueillettes de framboises et myrtilles

45 km Saint-Etienne 70 km Saint-Etienne-Bouthéon

A la limite de la Haute-Loire et de l'Ardèche, un petit coin de paradis pour cette vieille ferme en pierre rénovée du XVIIIème siècle par Christiane et Roland, antiquaires-décorateurs. Jardin et terrasse ombragés et fleuris avec une jolie vue sur la vallée. Chambres de grand confort au décor de caractère raffiné : "Douce France" avec ses murs tendus de toile de Jouy (édition originale de Roland Sigrist) et "Chantecler" d'esprit Révolution française avec ses meubles Directoire. Petits déjeuners copieux devant la cheminée monumentale ou sur la terrasse. Accueil convivial.

2 chambres avec douche, WC. 75 euros (1 ou 2 pers.).

SAUGUES Haute-Loire

Les Gabales

Pierre Gauthier
route du Puy-en-Velay
43170 SAUGUES

- **Tél.** +33 (0)4 71 77 86 92
- **e-mail :** pierrelesgabales@wanadoo.fr
- www.lesgabales.com
- **Ouverture :** ouvert toute l'année
- **Accès :** à l'entrée de la ville en direction du Puy-en-Velay
- **Curiosités :** parc des Bisons d'Europe, gorge de l'Allier, Margerides, chemin de Saint-Jacques-de-Compostelle, le Puy-en-Velay

1000 m

20 km Langeac

17 €

Une maison de maître des années 1930 entourée d'un grand parc à la française. Chambres aménagées de mobilier ancien, chacune décorée d'un style différent. Table d'hôtes autour des spécialités régionales. Une adresse sûre au pays de la Bête du Gévaudan et des "Noisettes sauvages". Accueil sympathique et soucieux de faire découvrir les richesses de la région. Possibilité de randonnées pédestres thématiques : faune, flore, lecture du paysage, ...

2 suites et 3 chambres avec bain ou douche, WC. 45 euros (1 pers.), 45 euros (2 pers.), 58 euros (3 pers.), 72 euros (4 pers.). Lit supp. 17 euros.

Les Prairies

Dominique Bourgeois
1 rue du Pré long - Salettes
43190 TENCE

850 m

- **Tél.** +33 (0)4 71 56 35 80
- **e-mail :** thomas.bourgeois@freesbee.fr
- www.lesprairies.com
- **Ouverture :** ouvert toute l'année
- **Accès :** à l'entrée du village sur la route de Saint-Etienne
- **Curiosités :** Le Puy-en-Velay, mont Gerbier-des-Joncs, le Velay

50 km St-Etienne 60 km St-Etienne-Bouthéon

Aux portes de la petite ville de Tence et à deux pas de la rivière Le Lignon, dans un parc aux arbres centenaires, une belle maison bourgeoise en pierre au toit de lauzes. Dans une aile de la demeure, des chambres spacieuses et confortables. Le charme de cette demeure réside dans le choix des couleurs pastels des murs, des boiseries en bois clair et du mobilier ancien. Petits déjeuners dans la salle-à-manger ou sur la terrasse avec gâteaux et confitures maison. Accueil convivial par la famille Bourgeois. Une belle adresse !

5 chambres avec bain ou douche, WC. 58 euros (1 pers.), 66 euros (2 pers.), 100 euros (4 pers.). Lit supp. 17 euros.

BAGNOLS Puy-de-Dôme

Domaine de Bos

Kees van de Goor
Cheminades
63810 BAGNOLS
- **Tél.** +33 (0)4 73 22 27 83
- **e-mail :** domainedebos@wanadoo.fr
- http://monsite.wanadoo.fr/domainedebos
- **Ouverture :** ouvert toute l'année
- **Accès :** dans Bagnols, D47 dir. La Tour, à la sortie de Bagnols à droite
- **Curiosités :** Plomb du Cantal, Puy Mary, la Bourboule

900 m

20 km La Bourboule 75 km Clermont-Fd 16 € Bio

Une ancienne ferme parfaitement restaurée de 1749. Une belle vue sur le Plomb du Cantal et le Puy Mary. Les vaches Salers et leur cloche dans les prés aux alentours... Chambres confortables à la décoration sobre. Couleurs pastel pour l'ambiance... Petits déjeuners et dîners l'été sous le tilleul. Accueil chaleureux et disponible. Tranquillité absolue !

5 chambres avec douche, WC. 27 euros (1 pers.), 40 euros (2 pers.), 54 euros (3 pers.).

Auvergne

BERTIGNAT Puy-de-Dôme

Domaine de Pradis

Monica et Maurice Timmermans
63480 BERTIGNAT

- **Tél.** +33 (0)4 73 02 66 63
- **e-mail :** timmermans.pradis@wanadoo.fr
- www.pradis.fr

720 m

- **Ouverture :** ouvert toute l'année
- **Accès :** à 7 km au nord d'Ambert
- **Curiosités :** parc naturel régional du Livradois Forez

70 km Vichy 80 km St-Etienne Bio

Une ferme équestre restaurée au milieu du parc naturel régional du Livradois Forez. Toutes les chambres ont une vue imprenable sur les monts avoisinants et la vallée de la Dore. Confort simple. À la table d'hôtes, une cuisine familiale aux accents du terroir. Accueil sympathique. Une bonne adresse pour ceux qui aiment les grands espaces, la nature, les activités équestres en priorité... à prix doux !

4 chambres avec sanitaires en commun. 25 euros (1 pers.), 38 euros (2 pers.).

Auvergne

CUNLHAT Puy-de-Dôme

Brigitte Laroye
7 rue du 8 Mai
63590 CUNLHAT
• **Tél.** +33 (0)4 73 72 20 87

700 m

• **Ouverture :** ouvert toute l'année
• **Accès :** au centre du village
• **Curiosités :** parc naturel régional du Livradois-Forez, Thiers,les ateliers d'artistes de Cunlhat, rassemblement Harley-Davidson

11 km Giroux 53 km Clermont-Ferrand 20 €

Une grande maison de famille au cœur d'un village du parc naturel régional du Livradois-Forez. Très belles chambres meublées et décorées avec soin : style 1930, Louis XVI avec ciel de lit, etc. Spécialités auvergnates succulentes à la table d'hôtes. Accueil attentif de votre hôte qui vous fera découvrir ses passions : la reliure, la généalogie, la paléographie et un petit écomusée... Une belle adresse de charme !

1 suite et 4 chambres avec bain ou douche, WC. De 50 à 55 euros (2 pers).

Le vieux Pommier

Catherine et Gérard Dale
rue de la Clinique
63620 GIAT
- **Tél.** +33 (0)4 73 21 60 02
- **Fax.** +33 (0)4 73 21 60 02
- **e-mail :** catherine.gdale@wanadoo.fr
- http://monsite.wanadoo.fr/lvpgdale

875 m

- **Ouverture :** ouvert toute l'année
- **Accès :** dans Giat, rue à l'angle de la pharmacie 400 m sur la place
- **Curiosités :** les Combrailles, Vulcania, tapisseries d'Aubusson, massif du Sancy

1 km Giat   65 km Clermont-Ferrand   15 €

Une très élégante longère de la fin du XIXème siècle au cœur d'un grand jardin paysager abondamment fleuri. Chambres confortables avec chacune un style particulier : campagnard, Louis XV, Restauration,... Aux petits déjeuners, une "farandole" de confitures maison. Cuisine régionale et gastronomique à la table d'hôtes avec les produits du jardin. Accueil chaleureux et convivial. Une bonne adresse au cœur des Combrailles !

5 chambres avec bain ou douche, WC. 35 euros (1 pers.), de 43 à 48 euros (2 pers.), 58 euros (3 pers.). Lit supp. 15 euros.

Auvergne

MONTAIGUT-LE-BLANC Puy-de-Dôme

Christiane Ziessel
37 rue de l'Eglise
63320 MONTAIGUT-LE-BLANC

- **Tél.** +33 (0)4 73 96 29 31
- **e-mail :** thezeiss@hotmail.com
- http://perso.club-internet.fr/thezeiss
- **Ouverture :** ouvert toute l'année
- **Accès :** au centre du bourg
- **Curiosités :** Massif du Sancy, Saint-Nectaire, Issoire

600 m

Super Besse

Super Besse

18 km 33 km

Un ancien prieuré avec vue dominante sur ce charmant village médiéval. Très belle rénovation avec de beaux mobiliers anciens. Chambres très agréables avec salon, bibliothèque. Ambiance de vieille maison de famille à l'intérieur comme dans le jardin fleuri et arboré. Accueil chaleureux de Christiane qui vous fera découvrir, aussi, ses peintures et ses aquarelles. Une de nos adresses préférées pour des séjours reposants en Auvergne !

2 chambres avec bain ou douche, WC. De 42 à 44 euros (2 pers.).

Auvergne

OLBY Puy-de-Dôme

Gîte des volcans

Bernard Teyssier
La Gardette
63210 OLBY

800 m

- **Tél.** +33 (0)6 83 67 07 70
- **Fax.** +33 (0)4 73 87 13 97
- **e-mail :** info@gite-des-volcans.com
- www.gite-des-volcans.com
- **Ouverture :** 1er mai au 1er novembre
- **Accès :** à 4 km du pied du Puy-de-Dôme
- **Curiosités :** Puy-de-Dôme, Vulcania, volcan à ciel ouvert

8 km Pontgibaud 20 km Clermont-Ferrrand 22 €

Face à la chaîne des volcans, une chambre aménagée dans une ancienne salle de ferme. Piscine et jardin protégé par les murets de pierres de lave. Ambiance unique du "Cantou" avec le confort d'aujourd'hui : un lit-clos et sa couette épaisse, mobiliers anciens auvergnats, ... Petits déjeuners servis dans le coin salon ou au jardin. Accueil personnalisé pour un lieu hors du commun.

1 chambre avec douche, WC, TV, Tél. 69 euros (1 pers.), 75 euros (2 pers.), 86 euros (3 pers.).

Domaine de Ternant

Catherine Piollet
Domaine de Ternant
63870 ORCINES

- **Tél.** +33 (0)4 73 62 11 20
- **Fax.** +33 (0)4 74 62 29 96
- **e-mail :** domaine.ternant@free.fr
- http://domaine.ternant.free.fr

900 m

- **Ouverture :** du 15 mars au 15 novembre
- **Accès :** en bordure du village, 1er portail à droite
- **Curiosités :** Royat station thermale, Vulcania, parc des Volcans d'Auvergne, églises romanes

12 km Clermont-Fd 16 km Aulnat

Une demeure familiale du XIXème siècle au cœur d'un parc de 10 ha. Tennis. Un lieu idéal, une atmosphère chaleureuse, pour découvrir le Parc des volcans, Vulcania, la chaîne des Puys et l'Auvergne. Chambres décorées avec goût et élégance. Accueil sympathique pour cette propriété qui a su conserver son âme et sa forte empreinte familiale et historique.

2 suites et 3 chambres avec bain ou douche, WC. De 64 à 78 euros (1 pers.), de 72 à 86 euros (2 pers.). Lit supp. 24 euros.

Auvergne

PERRIER Puy-de-Dôme

Mireille et Paul Gebrillat
chemin de Siorac
63500 PERRIER
• **Tél.** +33 (0)4 73 89 15 02
• **Fax.** +33 (0)4 73 55 08 85
• **e-mail :** lequota@club-internet.fr

430 m

• **Ouverture :** du 1er février au 30 novembre
• **Accès :** à 500 m à gauche après la pharmacie ou à 300 m à droite après l'église
• **Curiosités :** parc naturel régional des volcans d'Auvergne et du Livradois-Forez, grottes troglodytiques

4 km Issoire 35 km Clermont-Ferrand

Maison de caractère habitée par la même famille depuis plus de dix générations et restaurée au fil du temps. Chambres confortables décorées d'objets rapportés de nombreux voyages en Afrique et en Asie. Dépaysement garanti ! Petits déjeuners servis sous la terrasse dans la cour intérieure très fleurie. Accueil convivial par des précurseurs des chambres d'hôtes dans cette région. Vos hôtes sauront vous indiquer les meilleurs "tuyaux" pour découvrir l'Auvergne.

2 suites et 2 chambres avec bain ou douche, WC. De 42 à 48 euros (1 pers.), de 48 à 55 euros (2 pers.), 95 euros (4 pers.). Lit supp. 18 euros.

SAINT-AGATHE Puy-de-Dôme

Château de Vaulx

Régine et Guy Dumas
Vaulx
63120 SAINT-AGATHE
• **Tél.** +33 (0)4 73 51 50 55
• **Fax.** +33 (0)4 73 51 50 55
• www.auvergne-maison-hotes.com

650 m

10 km

• **Ouverture :** ouvert toute l'année
• **Accès :** autoroute A 72 sortie Thiers-Est n°3, D 7 Celles/Durolle - Vollone - Ville
• **Curiosités :** parc naturel régional du Livradois-Forez, coutellerie à Thiers

12 km Thiers 45 km Clermont-Ferrand-Aulnat

Aux confins du Forez et de l'Auvergne, dans le parc naturel régional du Livradois-Forez, une ancienne demeure familiale fortifiée du XIIème siècle. Chambres confortables à la décoration classique faite de beaux meubles anciens. Petits déjeuners servis dans la salle à manger devant la cheminée. Accueil chaleureux. Une adresse hors du temps "en parfaite harmonie et intime complicité avec la nature, les éléments, les animaux, le silence peuplé de chants d'oiseaux" (Extrait du livre d'Or).

3 chambres avec bain ou douche, WC. 45 euros (1 pers.), de 50 à 70 euros (2 pers.). Lit supp. 15 euros.

SAINT-GERMAIN-L'HERM Puy-de-Dôme

La Fontaine des Thiolles

Jan et Mieke Baert-Simons
Les Thiolles
63630 SAINT-GERMAIN-L'HERM

1040 m

- **Tél.** +33 (0)4 73 72 09 36
- **e-mail :** lesthiolles@wanadoo.fr
- www.lesthiolles.com
- **Ouverture :** ouvert toute l'année
- **Accès :** à 4 km du bourg
- **Curiosités :** le parc naturel régional du Livradois-Forez, la Chaise-Dieu, les églises romanes

35 km Issoire 80 km Clermont-Ferrand 18 €

Pour les amateurs de nature et de silence, une ancienne maison typique du Livradois-Forez. Chambres simples mais agréables à vivre. Cuisine internationale à la table d'hôtes servie dans le grand séjour devant la cheminée. Accueil chaleureux. Un paradis pour les randonneurs et les amateurs de VTT et des prix très raisonnables !

5 chambres avec sanitaires en commun. 28 euros (1 pers.), 42 euros (2 pers.), 54 euros (3 pers.). Lit supp. 12 euros.

SAINT-GERVAIS D'AUVERGNE Puy-de-Dôme

Chambres d'Hôtes à Montarlet

Jean-René Pelletier
Montarlet
63390 SAINT-GERVAIS D'AUVERGNE

725 m

- **Tél.** +33 (0)4 73 85 87 10
- **Fax.** +33 (0)4 73 85 75 79
- **e-mail :** montarlet@libertysurf.fr
- www.montarlet-chambresdhotes.com
- **Ouverture :** 1er mars au 31 décembre
- **Accès :** de St Gervais prendre D532, 2 km après la gare, à gauche
- **Curiosités :** parc des volcans d'Auvergne, Vulcania, plan d'eau de St-Gervais, goure de Tazenat, Puy-de-Dôme, vallée de la Sioule

2 km St-Gervais d'Auvergne — 60 km Clermont-Ferrand

Ce qui fait le charme de cette ancienne ferme typique des Combrailles entièrement restaurée, c'est son emplacement en pleine nature. Très belles chambres confortables à la décoration rustique de bon goût : murs travaillés et cirés à l'ancienne, coloris assortis des tissus et tentures, meubles de style,... Copieux petits déjeuners servis dans de la vaisselle campagnarde. Accueil souriant et décontracté pour cette adresse de charme.

3 chambres avec douche, WC. 37 euros (1 pers.), 44 euros (2 pers.). Lit supp. 16 euros.

Auvergne

SAINT-NECTAIRE Puy-de-Dôme

La Petite Escapade

Marise-Aurore Viet
Sapchat
63710 SAINT-NECTAIRE

- **Tél.** +33 (0)4 73 88 85 36
- **Ouverture :** ouvert toute l'année
- **Accès :** dans le hameau
- **Curiosités :** Saint-Nectaire, lac Chambon, thermalisme, les volcans

870 m

Super Besse

Super Besse

30 km Issoire 40 km Clermont-Ferrand 17 €

Un petit hameau entre Saint-Nectaire et le lac Chambon. Une maison de caractère et des chambres douillettes et romantiques à souhait... Ambiance maison de famille pour une décoration totalement réussie. Jacuzzi à disposition. À table, les riches saveurs de la cuisine régionale. Accueil charmant et attentionné. Que demander de plus pour des séjours "nature" été comme hiver ? Une adresse hautement recommandable !

4 chambres avec bain, douche, WC, TV. De 42 à 52 euros (2 pers.), 65 euros (4 pers.). Lit supp. 15 euros.

Auvergne

SAINT-SAUVES-D'AUVERGNE Puy-de-Dôme

La Poucinière

Claudine et Pierre Lassalas
Pédaire
63950 SAINT-SAUVES-D'AUVERGNE
- **Tél.** +33 (0)4 73 22 05 20
- **Fax.** +33 (0)4 73 22 05 20
- **Ouverture :** du 20 décembre au 30 septembre
- **Accès :** de Murat en direction de Laqueuille, prendre à droite
- **Curiosités :** La Bourboule, Massif du Sancy

1100 m

12 km

3 km

8 km La Bourboule 45 km Clermont-Ferrand

Une ancienne ferme isolée avec une très belle vue à 360° sur la chaîne des Puys, le Sancy et le Cantal. Chambres aménagées récemment, spacieuses et confortables. Grande variété de confitures maison pour les petits déjeuners. Accueil chaleureux. Un lieu pour se ressourcer tranquillement ou activement.

3 chambres avec douche, WC. 40 euros (1 ou 2 pers.), 54 euros (3 pers.), 67 euros (4 pers.). Lit supp. 13 euros.

Auvergne

ST-VICTOR-MONTVIANEIX Puy-de-Dôme

Michel Girard
Dassaud
63550 ST-VICTOR-MONTVIANEIX
• **Tél.** +33 (0)4 73 94 38 10
• **Fax.** +33 (0)4 73 94 38 10
• www.gite-girard.free.fr

780 m

• **Ouverture :** ouvert toute l'année
• **Accès :** dans le lieu-dit
• **Curiosités :** musée de la coutellerie à Thiers, parc naturel régional du Livradois-Forez

Sur place

45 km Vichy — 80 km Clermont-Fd — 13 €

En pleine nature, dans les Monts du Forez avec une vue exceptionnelle sur la chaîne des Puys : Dôme et Sancy. Une vieille ferme en granit restaurée. Chambres confortables avec chacune leur style. Table d'hôtes avec les produits de la ferme. Accueil convivial.

4 chambres avec douche, WC. 38 euros (2 pers.), 53 euros (3 pers.). Lit supp. 16 euros.

Les Escladines

Sylvie Fereyrolles
Escladines
63690 TAUVES

- **Tél.** +33 (0)4 73 21 13 02
- **e-mail :** sylvie.fereyrolles@wanadoo.fr
- http://escladines.chez.tiscali.fr

- **Ouverture :** du 1er février au 30 novembre
- **Accès :** à 2,5 km de Tauves sur la route qui longe le cimetière
- **Curiosités :** Mont Dore, le Sancy, Besse La Bourboule, Vulcania

850 m

Mont-Dore ou Super Besse

10 km Sancy

15 km La Bourboule 60 km Clermont-Fd-Aulnat 15 €

Dans le massif du Sancy, à proximité de La Bourboule, une ancienne ferme familiale parfaitement restaurée. Aménagées dans l'ancienne grange à foin, des chambres confortables à la décoration recherchée et élégante. Grande cheminée auvergnate dans le salon : le "Cantou". Cuisine traditionnelle à la table d'hôtes. Accueil particulièrement chaleureux par cette famille d'agriculteurs. Une bonne adresse !

5 chambres avec bain ou douche, WC. 37 euros (1 pers.), de 45 à 50 euros (2 pers.), de 57 à 62 euros (3 pers.).

Auvergne

VERNINES Puy-de-Dôme

Hélène et Roger Morange
Bessat
63210 VERNINES

900 m

Le Mont-Dore

7 km
Pessade

- **Tél.** +33 (0)4 73 65 68 03
- **Ouverture :** ouvert toute l'année
- **Accès :** dans le hameau
- **Curiosités :** basilique d'Orcival, le Mont-Dore, le Sancy, Vulcania

30 km Clermont-Ferrand 35 km Clermont-Ferrand

Au pays des Monts d'Auvergne, le charme d'une ancienne grange avec son jardin bordé d'épicéas et de massifs de fleurs. Chambres confortables à la décoration faite de meubles anciens chinés çà et là. Petits déjeuners copieux avec les excellentes pâtisseries de Hélène. Accueil chaleureux, convivial et soucieux de faire découvrir le riche patrimoine auvergnat.

3 chambres avec douche, WC. 35 euros (1 pers.), 43 euros (2 pers.). Lit supp. 16 euros.

Franche-Comté

DOMMARTIN Doubs

Le Champi

Claude Geffroy
2 grande rue
25300 DOMMARTIN
- **Tél.** +33 (0)3 81 39 21 67
- **e-mail :** le.champi@wanadoo.fr
- **Ouverture :** ouvert toute l'année
- **Accès :** à 150 m de l'église du village, face à la fontaine
- **Curiosités :** Pontarlier, château de Joux, lac de Saint-Point, sources de la Loue et du Lison

850 m

10 km

10 km

5 km Pontarlier

16 € Bio

A proximité de Pontarlier, une grande maison traditionnelle de village. Des chambres modernes, confortables et spacieuses. Bons petits déjeuners avec les confitures maison. Accueil chaleureux et soucieux de faire découvrir les richesses touristiques de la région. La devise de vos hôtes : "le plaisir de faire plaisir ! ". Une halte recommandée pour les cyclo-touristes à la belle saison...

3 chambres avec douche, WC. 35 euros (1 pers.), 46 euros (2 pers.). Lit supp. 15 euros.

Le Crêt l'Agneau

Liliane et Yves Jacquet-Pierroulet
25650 LONGEVILLE (LA)
• Tél. +33 (0)3 81 38 12 51
• e-mail : lecret.lagneau@wanadoo.fr
• www.lecret-lagneau.com

1000 m

15 km

Sur place

• Ouverture : du 1er janvier au 30 juin et du 1er août au 31 décembre
• Accès : sur la route entre Montbenoit et Gilley
• Curiosités : abbaye de Montbenoit, musée de l'Horlogerie à Morteau, château de Joux, grotte-chapelle à Remonot, gorges de la Loue, musée Courbet, saut du Doubs

17 km Pontarlier 107 km Genève 23 € Bio

Au milieu des pâturages, une très belle ferme du XVIIème siècle totalement réaménagée. Authenticité régionale, harmonie et douceur dues à la présence du bois dans toute la maison. Odeurs d'autrefois : cire à l'ancienne, pain au feu de bois, fumage des jambons, et les 52 confitures maison. Accueil chaleureux et plein d'humour. Possibilité de séjours à thème : ski de fond, raquettes, randonnées pédestres ou VTT, week-end champignons,... Tous nos sens sont en éveil... un vrai bonheur !

1 suite et 6 chambres avec bain ou douche, WC (communs pour certaines chambres). 53 euros (1 pers.), de 74 à 84 euros (2 pers.), 93 euros (3 pers.), 110 euros (4 pers.).

Maison d'hôtes Les Essarts

Catherine et Mimi Roland
Les Essarts
25650 MONTBENOIT

- **Tél.** +33 (0)3 81 38 12 84
- **e-mail :** les.essarts@wanadoo.fr
- www.maisondhoteslesessarts.com
- **Ouverture :** ouvert toute l'année
- **Accès :** à 1,5 km du hameau des Jarrons de Ville-du-Pont
- **Curiosités :** le saut du Doubs, le château de Joux, l'abbaye de Montbenoit, Ornans

1000 m

6 km

Sur place

15 km Pontarlier

55 € demi-pension

Au milieu des forêts, au cœur du massif du Jura, une ancienne ferme comtoise du XVIIIème siècle. Chambres confortables et douillettes décorées dans le style nordique. Bonnes odeurs de bois de sapin... et de cuisine. Table d'hôtes devant la cheminée où sont servis de bons petits plats de la tradition campagnarde. Au goûter, savoureuses pâtisseries maison. Accueil inoubliable. Un guide hors pair pour découvrir été comme hiver la région. Les Essarts : une certaine idée du bonheur !

6 chambres avec douche, WC. 56 euros (1 pers.), 71 euros (2 pers.). Lit supp. 25 euros.

La Guron

Arlette Laude
7 rue de La Guron
25500 MORTEAU
• **Tél.** +33 (0)3 81 67 42 33
• **Fax.** +33 (0)3 81 67 49 83

850 m

10 km
10 km

• **Ouverture :** ouvert toute l'année
• **Accès :** au centre de la ville vers la Grande Rue
• **Curiosités :** Morteau, saut du Doubs, Villers-le-Lac, château de Joux, musée de l'Horlogerie et de la Montre

1 km Morteau

Une maison d'époque 1900 avec un intérieur décoré avec raffinement et humour. Chambres très confortables avec chacune leur ambiance et le mobilier et les parures de lits qui vont avec... Petit jardin où sont servis les petits déjeuners à la belle saison. Les charmes de la "montagne" en centre ville...

2 chambres avec douche, WC. 55 euros (1 pers.), 65 euros (2 pers.).

La Combe d'Abondance

Annie Lombardot
Les Combes
25500 MORTEAU
- Tél. +33 (0)3 81 67 13 18
- Fax. +33 (0)3 81 67 55 29
- e-mail : alombardot@libertysurf.fr
- www.combe-abondance.com
- **Ouverture :** ouvert toute l'année
- **Accès :** lieu-dit La Combe d'Abondance dans le village des Combes
- **Curiosités :** saut du Doubs, musée de l'Horlogerie et de l'Automate à Morteau, la Suisse

900 m

5 km

Sur place

7 km Gilley

Une grande ferme typique de la région totalement réaménagée au milieu des pâturages. Chambres confortables à la décoration dans l'esprit montagnard. Mobilers rustiques et sauna. Table d'hôtes copieuse autour de spécialités franc-comtoises. Accueil sympathique et professionnel. A réserver aux séjours des enfants seuls ou en famille, et pour ceux qui recherchent un séjour actif.

5 chambres avec douche, WC, Tél, sauna. Pour une pers. en demi-pension 48 euros.

CERNON Jura

Le chalet de Fanny

Françoise Lamarche
Viremont
39240 CERNON
• **Tél.** +33 (0)3 84 35 75 17
• **Fax.** +33 (0)3 84 35 75 17
• **e-mail :** lechaletdefanny@wanadoo.fr
• http://monsite.wanadoo.fr/lechaletdefanny

800 m

• **Ouverture :** du 1er mars au 31 octobre
• **Accès :** suivre les panneaux
• **Curiosités :** barrage de Vouglans, Beaume-les-Messieurs, Salines royales d'Arc-et-Senan, cascades du Hérisson

30 km Lons-le-Saunier 17 € Bio

Dans une combe en surplomb du village, un chalet de construction récente tout en bois. Autour, la nature... Chambres spacieuses et lumineuses avec tout le confort. Décoration montagnarde moderne et le charme du bois et de son odeur partout dans la maison. Table d'hôtes avec les produits du jardin suivant "les caprices" de la saison et de la maîtresse de maison. Accueil sympathique. Une adresse pour ceux qui recherchent le calme et les bienfaits nature...

3 chambres avec bain ou douche, WC. 45 euros (1 pers.), 50 euros (2 pers.), 65 euros (3 pers.), 80 euros (4 pers.). Lit supp. 15 euros.

Franche-Comté

FONCINE-LE-HAUT Jura

Les Biches et les Genévriers

Bernadette Pretet
56 le Bayard
39460 FONCINE-LE-HAUT
- **Tél.** +33 (0)3 84 51 94 55
- **Fax.** +33 (0)3 84 51 94 56
- **e-mail :** pretet.bernadette@wanadoo.fr
- www.lebayard.com
- **Ouverture :** ouvert toute l'année
- **Accès :** prendre la 1ère à gauche après la gendarmerie
- **Curiosités :** salines à Arc-et-Senans, musée du Jouet à Moirans, la Suisse

1050 m

3 km

Sur place

35 km Frasnes 70 km Genève

23 €

En plein cœur du parc naturel régional du Haut-Jura, deux chalets en épicéa. Vue panoramique plein sud. Très beaux jardins arborés et fleuris à la belle saison. Chambres spacieuses, très confortables avec leur mobilier assorti au ton du bois des murs en lambris. Devant la grande cheminée, sont servis les petits déjeuners et dîners. Table gourmande. Four à pain pour les gratins... Accueil chaleureux et familial. Une très bonne adresse pour les gourmands !

VISA

4 suites et 2 chambres avec bain ou douche, WC, TV. 68 euros (1 pers.), de 68 à 100 euros (2 pers.), 88 euros (3 pers.), 108 euros (4 pers.). Lit supp. 20 euros.

FRASNOIS (LE) Jura

L'Eolienne

Christian Monneret
Hameau La Fromagerie
39130 FRASNOIS (LE-)
• **Tél.** +33 (0)3 84 25 50 60
• **Fax.** +33 (0)4 84 25 50 38
• **e-mail :** vedier@wanadoo.fr
• www.eolienne.net

800 m

Les Rousses

• **Ouverture :** ouvert toute l'année
• **Accès :** à 1 km de la N 78
• **Curiosités :** cascade du hérisson, espace botanique, lacs

8 km 70 km Genève

Au cœur d'un sympathique complexe touristique à l'architecture bois. En pleine nature près du site classé des Sept Lacs et des cascades du Hérisson. Très belles chambres agréables à vivre, certaines avec mezzanine. Nombreuses possibilités d'activités "nature" sportives et culturelles. Une adresse à retenir en famille ! Classement gîte Panda.

VISA P

4 chambres avec douche, WC. 38 euros (1 pers.), 47 euros (2 pers.), de 60 à 66 euros (3 pers.), 76 euros (4 pers.). Lit supp. 10 euros.

LONGCHAUMOIS Jura

Les Adrets

Lucie Bourgeois
Les Adrets
39400 LONGCHAUMOIS
- **Tél.** +33 (0)3 84 60 60 48
- **Fax.** +33 (0)3 84 60 67 41
- **e-mail :** gerard.bourgeois4@wanadoo.fr
- **Ouverture :** ouvert toute l'année
- **Accès :** à 4 km du village
- **Curiosités :** musée de la lunetterie et maison de l'émail à Moretz, musée de la pipe à St-Claude, musée de la boissellerie à Bois d'Amont

1000 m

8 km Les Rousses

4 km

12 km 70 km Genève

Au cœur du parc naturel régional du Haut-Jura, une ancienne ferme de montagne rénovée et située en pleine nature. Des chambres décorées de meubles anciens. Petits déjeuners avec les confitures maison. Accueil chaleureux et convivial. La nature pour soi et des promenades, été comme hiver, à n'en plus finir !

2 chambres avec bain ou douche, WC. 45 euros (1 pers.), 50 euros (2 pers.), 67 euros (3 pers.), 84 euros (4 pers.). Lit supp. 17 euros.

PRESILLY Jura

La Baratte

Régine et Jean-François Chalet
39270 PRESILLY

600 m

- **Tél.** +33 (0)3 84 35 55 18
- **Fax.** +33 (0)3 84 25 43 49
- **e-mail :** labaratte@free.fr
- www.labaratte.fr
- **Ouverture :** ouvert toute l'année
- **Accès :** entre Lons-le-Saunier et Orgelet
- **Curiosités :** Château de Presilly, pont de la Pyle, Barrage de Vouglans

15 km Lons-le-Saunier

43 €/pers. en demi-pension

Au pays des lacs, des cascades et du parc naturel régional du Haut-Jura, une fermette entièrement rénovée. Chambres confortables et spacieuses à la décoration personnalisée évoquant les régions de France : lorraine, normandie, bretagne, picardie. Bonne table d'hôtes autour de spécialités du terroir. Accueil convivial et familial. Une adresse, aussi, privilégiée pour les randonneurs équestres de passage dans la région.

4 chambres avec bain ou douche, WC, TV. 45 euros (1 pers.), 52 euros (2 pers.). Lit supp. 21 euros.

ETUEFFONT Territoire de Belfort

Le Montanju - Domaine des Champs Bayeux

Astrid et Daniel Elbert
8 rue de la Chapelle
90170 ETUEFFONT

- **Tél.** +33 (0)3 84 54 68 63
- **e-mail :** daniel.elbert@wanadoo.fr
- http://perso.wanadoo.fr/chambres-tourisme

450 m

- **Ouverture :** ouvert toute l'année
- **Accès :** en direction de Masevaux
- **Curiosités :** parc naturel régional des Ballons des Vosges, Forge-musée d'Etueffont, parc de la Roseraie

15 km Belfort   70 km Mulhouse-Bâle   20 €

Une maison étonnante au cœur du parc naturel régional des Ballons des Vosges. Très belle vue sur le village, les montagnes environnantes et le verger. Chambres très confortables à la décoration fleurie style romantique. Ambiance générale cosy ! Table d'hôtes de spécialités régionales. Accueil chaleureux et convivial par des amoureux de leur région. Agrément gîtes Panda pour découvrir la faune et la flore avec la "Malle pédagogique". Adresse hautement recommandable sur le Chemin de Saint-Jacques de Compostelle !

2 suites et 1 chambre avec douche, WC, TV. 46 euros (1 pers.), 52 euros (2 pers.), 68 euros (3 pers.), 74 euros (4 pers.).

SALVETAT (LA) Hérault

L'Oustal de Rame

Magali Cazals
La Moutouse
34330 SALVETAT (LA)
• **Tél.** +33 (0)4 67 97 61 63
• **e-mail :** loustalderame@free.fr

870 m

• **Ouverture :** de Pâques à la Toussaint
• **Accès :** à La Poste, route à gauche pendant 4 km
• **Curiosités :** chapelle romane et pont du XIème siècle à La Salvetat, le massif du Caroux et ses mouflons, les gorges d'Héric, le Sidobre

50 km 80 km 14 € Bio

Dans un cadre verdoyant, une ancienne ferme située dans le parc naturel régional du Haut-Languedoc. Exposition plein sud et vue sur les prairies et les montagnes pour les chambres au confort simple. Petits déjeuners et table d'hôtes avec les produits de la ferme. Accueil authentique et chaleureux. Une région méconnue à découvrir !

3 chambres avec douche, WC. 35 euros (1 pers.), 40 euros (2 pers.). Lit supp. 14 euros.

BLEYMARD (LE) Lozère

La Combette

Anita Klein
La Combette
48190 BLEYMARD (LE)

- **Tél.** +33 (0)4 66 48 61 35
- **Fax.** +33 (0)4 66 48 61 36
- **e-mail :** lacombette@wanadoo.fr
- www.cevennes-mont-lozere.com

- **Ouverture :** ouvert toute l'année
- **Accès :** à 100 m de la RD 901 entre Mende et Villefort
- **Curiosités :** Mont-Lozère, le parc national des Cévennes

1060 m

8 km

8 km

30 km Villefort ou Mende

16 €

Au milieu d'un espace naturel arboré et fleuri, une maison contemporaine exposée sud avec une belle vue sur le Mont-Lozère et la rivière le Lot. Chambres simples à la décoration africaine. Les propriétaires ont longtemps vécu en Afrique. Petits déjeuners et dîners copieux avec les produits faits maison. Accueil familial. Possibilité de séjours en randonnées accompagnées "toniques" ou "anti-stress", mais aussi randonnées avec ânes.

1 suite et 1 chambre avec bain ou douche, WC. 32 euros (1 pers.), 45 euros (2 pers.), 63 euros (3 pers.), 80 euros (4 pers.). Lit supp. 18 euros.

CHANAC Lozère

L'Oustal Del Jas

Sylvie et Jean-Pierre Durand
Le Jas
48230 CHANAC
- **Tél.** +33 (0)4 66 48 22 93
- www.cardoule.com/durand/

900 m

- **Ouverture :** ouvert toute l'année
- **Accès :** A 75, sortie 39 direction Ste Enimie par Chanac, D 44
- **Curiosités :** Gorges du Tarn, cité médiévale de Ste-Enimie, Aven Armand

7 km Chanac 25 km Mende 15 € Bio

Une maison contemporaine dans le style caussenard au cœur du Causse de Sauveterre, dans un cadre naturel arboré et fleuri. Chambres spacieuses et confortables avec une entrée indépendante. Spécialités à base de Roquefort pour la table d'hôtes. Accueil très sympathique et chaleureux pour cette adresse où règnent calme et tranquillité, la garantie d'un séjour reposant. Une très bonne adresse!

3 chambres avec douche, WC. 40 euros (1 pers.), 45 euros (2 pers.), 60 euros (3 pers.). Lit supp. 12 euros.

Languedoc-Roussillon

CHEYLARD-L'EVEQUE Lozère

Le Refuge du Moure

Christian Simonet
48300 CHEYLARD-L'EVEQUE
- Tél. +33 (0)4 66 69 03 21
- Fax. +33 (0)4 66 69 03 21
- e-mail : gitap.simonet@wanadoo.fr
- www.lozere-gite.com
- **Ouverture :** du 1er avril au 1er novembre
- **Accès :** au centre du bourg, face à l'église
- **Curiosités :** le Gévaudan, gorges du Tarn, musée de la Filature, bisons d'Europe, village médiéval de la Garde-Guérin

1130 m

Sur place

12 km Langogne   35 km Le Puy - Loudes   16 €

Au nord de la forêt de Mercoire, sur le chemin de Robert-Louis Stevenson, une bâtisse de granit au toit de lauze du XVIIIème siècle. Chambres confortables et douillettes. Décoration chaleureuse et nombreux patchworks réalisés par la maîtresse de maison. Petits-déjeuners en buffet très copieux. Table d'hôtes inventive et gourmande autour des herbes et produits du terroir ou d'ailleurs... Accueil authentique et chaleureux. Une bonne adresse en Margeride !

5 chambres avec douche et WC communs pour certaines chambres. De 36 à 42 euros (1 pers.), de 48 à 52 euros (2 pers.), de 72 à 76 euros (3 pers.). Lit supp. 20 euros. Tarif demi-pension sur demande.

Languedoc-Roussillon

PONT-DE-MONTVERT Lozère

Ferme du Merlet

Catherine et Philippe Galzin
Le Merlet
48220 PONT-DE-MONTVERT

- **Tél.** +33 (0)4 66 45 82 92
- **Fax.** +33 (0)4 66 45 80 78
- **e-mail :** lemerlet@wanadoo.fr
- www.lemerlet.com
- **Ouverture :** ouvert toute l'année
- **Accès :** après Génolhac, suivre les panneaux
- **Curiosités :** parc national des Cévennes, sources et gorges du Tarn

1100 m

15 km

30 km Genolhac

Bio

Au cœur du parc national des Cévennes, un hameau du XVIème siècle restauré par Catherine et Philippe. Chambres confortables à la décoration sobre. Spécialités culinaires préparées avec les produits de la ferme à la table d'hôtes. Accueil familial et convivial par des "amoureux" des Cévennes. Un lieu idéal pour se ressourcer !

1 suite et 5 chambres avec douche, WC. 58 euros (2 pers.).

ROZIER (LE) Lozère

La Pause

Francis Espinasse
route de Capluc
48150 ROZIER (LE)
• **Tél.** +33 (0)5 65 62 63 06
• **Fax.** +33 (0)5 65 62 63 06
• **e-mail :** gite.la.pause@wanadoo.fr
• www.hebergement-gorgesdutarn.com

400 m

• **Ouverture :** ouvert toute l'année
• **Accès :** à 300 m du centre du village
• **Curiosités :** gorges du Tarn, corniches du Méjean, belvédère des Vautours, Micropolis,

20 km Millau 70 km Rodez

Au confluent du Tarn et de la Jonte, une maison de caractère en pierre des Causses avec une position dominante sur le village de Peyreleau. Piscine en contrebas dans le jardin paysagé et fleuri. Chambres confortables à la décoration sobre et fonctionnelle. Petits déjeuners toniques sur la terrasse. Accueil sympathique. Un point de chute idéal pour randonner sur le Causse Méjean et le Causse Noir.

6 chambres avec douche, WC. 35 euros (1 pers.), 42 euros (2 pers.), 55 euros (3 pers.), 70 euros (4 pers.). Lit supp. 15 euros.

SAINT-FREZAL-DE-VENTALON Lozère

Le Viala

Bernard Brugues
Le Viala
48250 SAINT-FREZAL-DE-VENTALON
- **Tél.** +33 (0)4 66 45 54 08
- **Fax.** +33 (0)4 66 45 48 12
- **e-mail :** leviala.brugues@wanadoo.fr
- www.causses-cevennes.com

600 m

- **Ouverture :** du 15 mars au 15 novembre
- **Accès :** à 10 km de la N 106
- **Curiosités :** parc national des Cévennes, Mont-Lozère, gorges du Tarn

25 km La Grand Combe

15 € Bio

Un mas cévenol du XVIème siècle primé pour sa rénovation exemplaire par les Maisons Paysannes de France ! Chambres confortables à la décoration authentique et sobre. Petits déjeuners et dîners servis sous la treille ou au coin de la cheminée. Plats du terroir, vin guilleret et bonne humeur à la table d'hôtes. Accueil chaleureux au cœur du parc national des Cévennes.

1 suite et 5 chambres avec douche, WC. 60 euros (1 pers.), 60 euros (2 pers.). Lit supp. 15 euros.

Languedoc-Roussillon

SAINT-GERMAIN-DE-CALBERTE Lozère

Lou Pradel

Miet et Pol Hostens
Le Pradel
48370 SAINT-GERMAIN-DE-CALBERTE

- **Tél.** +33 (0)4 66 45 92 46
- **Fax.** +33 (0)4 66 45 92 46
- **e-mail :** lou.pradel@wanadoo.fr
- www.lozere.net/loupradel
- **Ouverture :** ouvert toute l'année
- **Accès :** sur la D 13 à 10 km de St Germain, direction Col de Pendédis
- **Curiosités :** parc national des Cévennes, sentier Stevenson, château de St Pierre, GR 67

750 m

30 km Alès

21 € Bio

Au cœur du parc national des Cévennes, à quelques enjambées du col de Pendédis, une ancienne ferme rénovée dans un cadre de nature grandiose. Vue exceptionnelle au sud jusqu'au Mont Aigoual. Jardin en terrasses fleuries. Chambres confortables et spacieuses aux beaux murs couleur d'ocre. Décoration sobre propice à la détente. Cuisine savoureuse du marché ou spécialités italiennes avec les produits du terroir et les légumes du potager à la table d'hôtes. Accueil attentif au bien-être des hôtes. Une belle adresse pour se ressourcer !

3 chambres avec douche, WC. 45 euros (1 pers.), 55 euros (2 pers.), 64 euros (3 pers.). Lit supp. 12 euros

Cal Paï

Françoise Massot
cami Del Ventador 1
66800 EYNE

1600 m

- **Tél.** +33 (0)4 68 04 06 96
- **Fax.** +33 (0)4 68 04 10 60
- **e-mail :** calpai@libertysurf.fr
- **Ouverture :** ouvert toute l'année
- **Accès :** au-dessus de l'église dans le vieux village
- **Curiosités :** vallée d'Eyne, Mont-Louis, Andorre, les Pyrénées

2 km

5 km

3 km Bolquère 85 km Perpignan 17 €

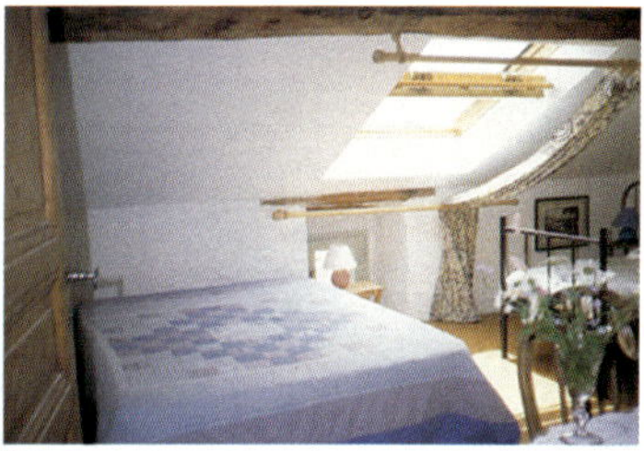

Une superbe ferme cerdane située au sommet du village. Très belle vue sur la chaîne du Carlit. Chambres aménagées et décorées avec goût. Dîners gourmands au coin du feu à la douce lumière des bougies. Accueil attentionné et charmant. Possibilités de randonnées accompagnées. Cal Paï est une véritable adresse de charme à prix raisonnables !

8 chambres avec bain ou douche, WC (certaines avec sanitaires en commun). 31 euros (1 pers.), 42 euros (2 pers.). 37 euros (1/2 pension/pers.), 25 euros (1/2 pension/enfant).

Les Cariolettes

Sylvie et Francis Marty-Kalt
1 rue des Fontanilles
66120 FONT-ROMEU-ODEILLO

- **Tél.** +33 (0)4 68 30 25 48
- **e-mail :** info@gite-cariolettes.com
- www.gite-cariolettes.com

- **Ouverture :** ouvert toute l'année
- **Accès :** à 300 m du centre du village
- **Curiosités :** four solaire d'Odeillo, petit train jaune, parc naturel régional des Pyrénées Catalanes

1620 m

2 km Font-Romeu

2 km Font-Romeu

2 km Font-Romeu-Odeillo 70 km Perpignan 14 €

Une ferme montagnarde de Cerdagne de 1817, restaurée dans la tradition du bâti local, où règnent confort, simplicité et convivialité dans une région où le soleil est particulièrement présent, été comme hiver. Grande terrasse exposée plein sud et jardin fleuri et ombragé. Chambres lumineuses et douillettes. Table d'hôtes familiale. Accueil sympathique. Nombreuses activités sportives et culturelles proposées. Une bonne adresse à déguster en couple, en famille ou en groupe d'amis.

VISA

3 chambres avec douche, WC. 64 euros (2 pers.). Possibilité 1/2 pension.

FONT-ROMEU-ODEILLO Pyrénées-Orientales

Casa Sobra

Valérie et Christophe Sobra
12 rue des Saules
66120 FONT-ROMEU-ODEILLO

1600 m

- **Tél.** +33 (0)4 68 30 24 74
- **Fax.** +33 (0)4 68 30 24 74
- www.casasobra.com
- **Ouverture :** ouvert toute l'année
- **Accès :** dans le village d'Odeillo
- **Curiosités :** citadelle de Mont-Louis, site classé des Bouillouses, Train Jaune, four solaire d'Odeillo

3 km
3 km

1 km Font-Romeu-Odeillo 70 km Perpignan

Une ferme Cerdane du XVIIIème siècle restaurée au cœur des Pyrénées Catalanes. Cour privée et fleurie. Chambres douillettes à la décoration d'inspiration régionale. Sanitaires communs. Accueil convivial pour ce "Gîte d'étape et de Séjour" au confort simple. Possibilité de séjours à thème, Christophe est guide accompagnateur et organise des sorties canyons, randonnées, ski,...

4 chambres avec toilettes et sanitaires communs. 24 euros (1 pers.), 48 euros (2 pers.), 72 euros (3 pers.), 96 euros (4 pers.).

FORMIGUERES Pyrénées-Orientales

Chalet Pomme de Pin

Véronique et Daniel Gomes
18 Carrer Core de la Guilla
66210 FORMIGUERES

- **Tél.** +33 (0)4 68 04 45 77
- **Fax.** +33 (0)4 68 04 33 05
- www.chalet-pomme-de-pin.com

- **Ouverture :** ouvert toute l'année
- **Accès :** prendre piste de ski et 2ème pont à gauche, 50 m à droite
- **Curiosités :** châteaux Cathares, ville fortifiée de Mont-Louis, four solaire d'Odeillo

1650 m

Sur place

Sur place

12 km Mont-Louis 90 km Perpignan, Carcassonne, Barcelone

Au cœur des Pyrénées catalanes et de la station de Formiguères, un beau chalet contemporain dans un environnement naturel paysagé, arboré et fleuri. Chambres de charme à la décoration montagnarde d'aujourd'hui très réussie : boiseries, tissus, bibelots, ... Pour se détendre, un spa-jacuzzi (38° en hiver !) dans le jardin. Petits déjeuners gourmands avec pâtisseries maison et confitures de fruits des montagnes. Accueil chaleureux. Une très belle adresse, rare dans cette région !

3 chambres avec douche, WC, TV, spa/jacuzzi. De 80 à 120 euros suivant saison (2 pers.).

LLO Pyrénées-Orientales

Cal Miquel

Anne et Jean-Pierre Massie
Cal Miquel
66800 LLO
- **Tél.** + 33 (0)4 68 04 19 68
- **e-mail :** calmiquel@wanadoo.fr
- www.calmiquel.com
- **Ouverture :** ouvert toute l'année
- **Accès :** dans le village
- **Curiosités :** Llo et ses sources d'eau chaude naturelle, gorges du Ségre, l'Espagne

1500 m

5 km

5 km

25 km La Tour-de-Carol 80 km Perpignan 15 €

Dans un des plus anciens villages pittoresques de Cerdagne, une authentique ferme catalane du XVIIIème siècle totalement réaménagée. Superbe terrasse et étonnante salle-à-manger avec une vue dégagée sur le village et les montagnes environnantes. Chambres confortables décorées avec soin. Salle de musique avec piano devant la cheminée. Table d'hôtes savoureuse à base de recettes et produits régionaux. Accueil sympathique et plein de bonne humeur. Une belle adresse !

1 suite et 4 chambres avec douche, WC. 40 euros (1 pers.), 45 euros (2 pers.), 52 euros (3 pers.), 55 euros (4 pers.).

Languedoc-Roussillon

MONT-LOUIS Pyrénées-Orientales

La Volute

Martine Schaff
1 place d'Armes
66210 MONT-LOUIS

- **Tél.** +33 (0)4 68 04 27 21
- **Fax.** +33 (0)4 68 04 27 21
- **Ouverture :** ouvert toute l'année
- **Accès :** bâtisse au dessus de la voûte d'entrée de la citadelle
- **Curiosités :** sources d'eau chaude, Mont-Louis citadelle Vauban, petit train jaune

1600 m

2 km

2 km

1 km 80 km Perpignan

Sur les remparts de la citadelle du "Roi Soleil", une demeure historique superbement rénovée. Très belles chambres de caractère. Un salon détente agréable. Petits déjeuners savoureux. Jardin dominant avec vue panoramique sur les pyrénées. Accueil souriant et charmant. Une adresse rare dans cette région !

5 chambres avec douche/balnéo, WC. 60 euros (2 pers.), 76 euros (3 pers.), 92 euros (4 pers.). Lit supp. 16 euros.

La Casa Del Gat

Aurélie Huyvetter (d')
route de Campône – Hameau de Brèzes
66500 MOSSET
- **Tél.** +33 (0)4 68 05 07 50
- **Fax.** +33 (0)4 68 05 07 50
- **e-mail :** joaurelie@hotmail.com
- www.ehol.com/accommodation/1258014_fr.asp.

600 m

- **Ouverture :** ouvert toute l'année
- **Accès :** après la traversée de Campôme, direction Mosset
- **Curiosités :** Mosset, Mont-Louis, les Pyrénées catalanes

10 km Prades 55 km Perpignan 18 €

Dans les Pyrénées catalanes au cœur du parc naturel régional, entre mer et montagne, une maison de construction récente en pleine nature. Piscine et grand jardin arboré et fleuri. Chambres confortables à la décoration harmonieuse et personnalisée. Bonne cuisine méditerranéenne à la table d'hôtes... Balades magnifiques à pied ou en raquettes. Accueil convivial soucieux de faire découvrir les richesses de la région.

1 suite et 2 chambres avec bain ou douche, WC. 42 euros (1 pers.), de 48 à 53 euros (2 pers.), 64 euros (3 pers.), de 75 à 83 euros (suite 4 pers.). Lit supp. 9 euros.

TARGASONNE Pyrénées-Orientales

Cal Barbe

Laura et Simon Garcia
41 rue cal Barbe
66120 TARGASONNE
• **Tél.** +33 (0)4 68 30 59 47
• **e-mail :** info@calbarbe.com
• www.calbarbe.com

1600 m

5 km

5 km

• **Ouverture :** ouvert toute l'année
• **Accès :** derrière l'école du village
• **Curiosités :** chaos de Targassonne, four solaire d'Odeillo, Train Jaune, parc animalier des Angles, stations de ski de Font-Romeu, Les Angles, Pas de la Casa en Andorre, l'Espagne

5 km Font-Romeu-Odeillo 85 km Perpignan 19,50 €

Cal Barbe est une ferme rénovée dans le respect du modèle régional en pierre, bois et ardoise du XVIIIème siècle, au cœur de la Cerdagne-Capcir. Jardin clos et fleuri au calme avec une très belle vue sur les sommets environnants. Chambres confortables à la décoration sobre propice au repos. Petits déjeuners servis dans la salle à manger. Table d'hôtes autour de spécialités du monde. Accueil sympathique par ce couple de voyageurs anglo-espagnol. Une adresse à retenir !

3 chambres avec douche, WC. De 36 à 42 euros (1 pers.), de 72 à 84 euros (2 pers.). Lit supp. de 12 à 28 euros.

Au chant de la Source

Francis Calderara

22 route de la Basse des Feignes

88250 BRESSE (LA)

- **Tél.** +33 (0)3 29 25 58 92
- **Fax.** +33 (0)3 29 25 58 92
- **e-mail :** au-chant-dela-source@wanadoo.fr
- www.chambres-gites-vosges.com

- **Ouverture :** ouvert toute l'année
- **Accès :** La Bresse dir. Gérardmer, Vagney, Basse des Feignes. Avant l'Auberge à droite.
- **Curiosités :** parc naturel régional du Ballon des Vosges

900 m

8 km La Bresse

Sur place

30 km Remiremont 50 km Mulhouse 15 €

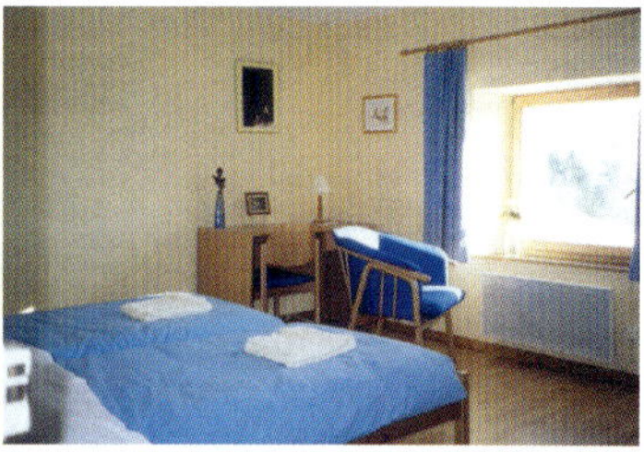

Au cœur du parc naturel régional du Ballon des Vosges pour cette ancienne ferme typique de la région. Chambres au confort simples avec une très belle vue sur la vallée et les sommets environnants. Spécialités alsaciennes et vosgiennes à la table d'hôtes servies devant la cheminée ou sur la terrasse. Une bonne adresse à prix doux pour se ressourcer !

4 chambres avec douche, WC. 35 euros (1 pers.), 45 euros (2 pers.), 55 euros (3 pers.), 70 euros (4 pers.).

BRESSE (LA) Vosges

La Ferme du Vieux Sapin

Brigitte et Michael Hensen
45 route de Planois
88250 BRESSE (LA)

- **Tél.** +33 (0)3 29 25 65 56
- **Fax.** +33 (0)3 29 25 65 56
- www.fermeduvieuxsapin.com

- **Ouverture :** du 21 décembre au 24 novembre
- **Accès :** à 4 km du centre de La Bresse, dir. col de la Croix des Moinots
- **Curiosités :** route des Crêtes, lac de Gérardmer, route des vins, Epinal

830 m

8 km La Bresse

Sur place

30 km Remiremont 50 km Mulhouse 14 €

Une ferme traditionnelle avec une vue imprenable sur les sommets environnants. Chambres simples, mais agréables à vivre. La vie de la ferme à découvrir par les enfants... et pour les parents la cuisine de terroir... préparée avec les produits du potager et de l'élevage. Accueil convivial et disponible.

4 chambres avec douche, WC. 30 euros (1 pers.), 40 euros (2 pers.), 54 euros (3 pers.).

Lorraine

BRESSE (LA) Vosges

Christine et Pierre Mougel
21 route du Droit
88250 BRESSE (LA)
- **Tél.** +33 (0)3 29 25 47 26
- **e-mail :** christine.mougel@wanadoo.fr
- www.chez.com/locationmougel
- **Ouverture :** ouvert toute l'année
- **Accès :** La Bresse, dir. Gérardmer, puis à 1 km dir. Planois, puis à droite dir. le Droit , Col de Grosse Pierre, puis A gauche
- **Curiosités :** Mulhouse, Colmar, Epinal, parc naturel régional des Ballons des Vosges

850 m

10 km La Bresse

10 km La Bresse

30 km Remiremont 50 km Mulhouse 13 € Bio

Au cœur du parc naturel régional du Ballon des Vosges, une maison de type traditionnel. Chambres simples mais confortables avec belle vue sur la vallée ou la montagne. Petits déjeuners avec les confitures maison. Tables d'hôtes à base de produits maison et de légumes du jardin. Accueil sympathique et naturel.

2 chambres avec douche, WC, TV. 30 euros (1 pers.), 37 euros (2 pers.), 50 euros (3 pers.), 63 euros (4 pers.). Lit supp. 13 euros.

Les Chantenées

Malou et Pierre Poirot
60 route de Gérardmer
88250 BRESSE (LA)

- **Tél.** +33 (0)3 29 25 42 12
- **e-mail :** poirot.riols@libertysurf.fr
- http://perso.wanadoo.fr/vosges-leschantenees

- **Ouverture :** ouvert toute l'année
- **Accès :** à 3,5 km de La Bresse en dir. de Géradmer, prendre sur la droite
- **Curiosités :** confiserie Bressande, parc aventure, musée des Racines, Fantasticable

850 m

3 km La Bresse

3 km La Bresse

30 km Remiremont 60 km Epinal-Mulhouse

Des chambres confortables et bien tenues dans un grand chalet au calme. Belle vue dégagée sur la vallée et la montagne. Accueil chaleureux par les jeunes propriétaires qui sauront vous faire découvrir la région. Location de gîtes possible en été comme en hiver.

6 chambres avec douche, WC, TV. 35 euros (1 pers.), 40 euros (2 pers.). Lit supp. 18 euros.

DOMMARTIN-LES-REMIREMONT Vosges

Le Ferme aux Moineaux

Brigitte et Dominique Barad
2570 rue de la Croisette
88200 DOMMARTIN-LES-REMIREMONT
• **Tél.** +33 (0)3 29 61 00 30
• **e-mail :** bd.barad@worldonline.fr
• http://membres.lycos.fr/lesmoineaux

620 m

Gérardmer

2 km

• **Ouverture :** ouvert toute l'année
• **Accès :** RN 66, Dommartin D 35A, suivre les Mortes puis 1ère à droite sur 2,5 km
• **Curiosités :** plateaux des Milles Etangs, lac de Gérardmer, les vallées vosgiennes

6 km Remiremont 90 km Mulhouse-Bâle 10 € Bio

Sur un petit plateau couvert de forêts de résineux surplombant la vallée de la Moselle, une ferme isolée du XVIIIème siècle, en activité, spécialisée dans l'élevage de vaches allaitantes en agriculture biologique. Chambres confortables à la décoration sobre. Tables d'hôtes de spécialités vosgiennes. Accueil sympathique soucieux de rencontrer et d'échanger avec les hôtes. Une adresse simple à prix très doux !

2 chambres avec douche, WC, TV. 25 euros (1 pers.), 35 euros (2 pers.). Lit supp. 10 euros.

Le Haut Van

Monique Antoine
3 chemin de la Roche
88230 FRAIZE
- **Tél.** +33 (0)3 29 52 73 37
- **Fax.** +33 (0)3 29 52 73 37
- **e-mail :** lehautvan@free.fr
- http://lehautvan.free.fr
- **Ouverture :** ouvert toute l'année
- **Accès :** à l'écart du village
- **Curiosités :** route des Crêtes, Hautes Chaumes, route des vins alsaciens

650 m

17 km Gérardmer

Sur place

15 km Saint-Dié 40 km Colmar 13 € Bio

Une ancienne ferme rénovée dans sa structure en bois en lisière de forêt. Lieu très calme, point de passage de plusieurs chemins de randonnée. Décoration contemporaine dans les chambres. Spécialités alsaciennes et lorraines à la table d'hôte préparées avec les produits du domaine. Petits déjeuners copieux avec les 24 confitures maison. Accueil convivial et chaleureux.

P

5 chambres avec douche, WC, TV. 30 euros (1 pers.), 40 euros (2 pers.), 53 euros (3 pers.), 66 euros (4 pers.). Lit supp. 12 euros

Lorraine

GERARDMER Vosges

La Devinière

Sylvie et Antoine Feltz
318 montée des Broches - Xonrupt
88400 GERARDMER

- **Tél.** +33 (0)3 29 63 23 89
- **Fax.** +33 (0)3 29 63 15 22
- **e-mail :** feltzsylvie@hotmail.com
- www.chambredhote-deviniere.com
- **Ouverture :** ouvert toute l'année
- **Accès :** sur nationale, suivre Longemer, dernière à gauche avant le lac
- **Curiosités :** lac de Gérardmer, parc naturel régional des Ballons des Vosges, musée des images d'Epinal

800 m

3 km

Sur place

35 km Remiremont

20 €

Au cœur du parc naturel régional des Ballons des Vosges à 200 m du lac, une ancienne ferme du XIXème siècle parfaitement restaurée. Grand jardin... Chambres très confortables, très bien tenues, au mobilier et à la décoration sobre et d'inspiration autrichienne. Dans chacune, un petit salon avec TV couleur. Petits déjeuners en buffet somptueux et inoubliables. Simplicité et gentillesse de l'accueil. Une très belle adresse été comme hiver !

5 chambres avec bain ou douche, WC. De 52 à 60 euros (1 pers.), de 55 à 62 euros (2 pers.), de 68 à 79 euros (3 pers.), de 78 à 96 euros (4 pers.). Lit supp. 17 euros.

Lorraine

GERARDMER Vosges

Anne-Marie Feurer
35 chemin des Oiseaux
88400 GERARDMER

750 m

- **Tél.** +33 (0)3 29 63 06 40
- **e-mail :** annemariefeurer@wanadoo.fr
- http://membres.lycos.fr/feurer
- **Ouverture :** ouvert toute l'année
- **Accès :** à proximité du Lycée de la Haie Griselle
- **Curiosités :** le lac de Gérardmer, parc naturel régional des Ballons des Vosges, musée des images d'Epinal

2 km

Sur place

35 km Remiremont

Sur le versant calme et ensoleillé au-dessus de la ville, un chalet contemporain dans un environnement de verdure. En été accès indépendant pour les chambres simples mais bien tenues. Sanitaires communs. Petits déjeuners sur le balcon avec des confitures maison et du miel des Vosges. Accueil aimable.

2 chambres avec bain, douche, WC communs, TV. 30 euros (1 pers.), 40 euros (2 pers.), 60 euros (3 pers.), 80 euros (4 pers.). Lit supp. 20 euros.

Chalet de Blandine

Blandine G'Sell
200 chemin du Tour du Lac
88400 GERARDMER

700 m

- **Tél.** .+33 (0)3 29 63 23 70
- **e-mail :** b.gsell@wanadoo.fr
- **Ouverture :** ouvert toute l'année
- **Accès :** au bord du lac sur la D 69
- **Curiosités :** le lac de Gérardmer, parc naturel régional des Ballons des Vosges, musée des images d'Epinal

3 km

3 km

35 km Remiremont

Grand chalet contemporain réaménagé récemment. Un grand jardin et un environnement forestier : sapins, bouleaux et myrtilles. Chambres modernes et confortables. Décoration originale dans certaines chambres. Accueil sympathique. Un plus : la disponibilité de Blandine pour ses hôtes !

3 chambres avec bain ou douche, WC. 46 euros (1 pers.), 53 euros (2 pers.), 60 euros (60 pers.), 90 euros (4 pers.). Lit supp. 7 euros.

Lorraine

GERARDMER Vosges

Josiane Lafleur
La droite du lac – 3 allée du Moulin des Cailloux
88400 GERARDMER
• **Tél.** +33 (0)3 29 60 93 12

700 m

3 km

4 km

• **Ouverture :** ouvert toute l'année
• **Accès :** à 500 m de l'embarcadère et de l'Union Nautique
• **Curiosités :** le lac de Gérardmer, parc naturel régional des Ballons des Vosges, musée des images d'Epinal

35 km Remiremont

Idéalement située au bord du lac, une grande demeure au cœur d'un grand jardin arboré et fleuri. Chambre confortable meublée à l'ancienne. Ambiance Art-Déco dans toute la maison. Remarquable ancien plafond de boulangerie dans le salon. C'est sous une grande verrière face au lac que les petits déjeuners sont servis. Accueil chaleureux et plein de délicatesse à deux pas de l'embarcadère. Pour ceux qui recherchent intimité et tranquillité.

1 chambre avec douche, WC, TV. 45 euros (1 pers.), 50 euros (2 pers.).

Lorraine

GERARDMER Vosges

Chalet L'Epinette

Famille Poirot-Scherrer
70 chemin de la Trinité
88400 GERARDMER

- **Tél.** +33 (0)3 29 63 40 06
- **Fax.** +33 (0)3 29 63 40 06
- **e-mail :** epinette@libertysurf.fr
- www.vosges-gites.com/poirot
- **Ouverture :** du 4 décembre au 14 novembre
- **Accès :** depuis le lac, bld de la Jamagne
- **Curiosités :** le lac de Gérardmer, parc naturel régional des Ballons des Vosges, musée des images d'Epinal

700 m

3 km

3 km

30 km Remiremont 50 km Mulhouse 20 €

Des chambres douillettes à la cuisine, un grand chalet où l'on se sent chez soi. Partout la montagne en spectacle, et le savoir-être de Gisèle et Claudine pour un séjour plein de charme et de rencontres imprévus. Balnéo et sauna. Petits déjeuners savoureux. Cuisine du marché inventive et copieuse. Accueil décontracté, convivial et familial. A goûter sans modération !

6 chambres avec bain ou douche, WC, TV. 47 euros (1 pers.), 55 euros (2 pers.), 75 euros (3 pers.), 90 euros (4 pers.). Lit supp. 15 euros.

Bienfaisy

Sylvie et Patrick Kieffer
Ferme du Grand Bienfaisy
88200 REMIREMONT

- **Tél.** +33 (0)3 29 23 28 20
- **Fax.** +33 (0)3 29 23 28 20
- **e-mail :** patrick.kieffer10@wanadoo.fr
- www.gite-prop.com/88/15063

- **Ouverture :** ouvert toute l'année
- **Accès :** suivre Palais des Congrès et prendre route principale sur 2 km
- **Curiosités :** Epinal, Lac de Gérardmer, musée textile de Ventron, l'écomusée de Fougerolles

500 m

Gérardmer

Sur place

2 km Remiremont

Au pied du massif des Hautes-Vosges, une ferme traditionnelle du XVIIIème siècle parfaitement restaurée. Environnement de nature exceptionnel. Chambres modernes et confortables. Joli choix de tissus fleuris très gais. Petits déjeuners copieux. Accueil sympathique et attentionné de Sylvie et Patrick. Une bonne adresse dans cette région !

1 suite et 4 chambres avec bain ou douche, WC. 30 euros (1 pers.), de 43 à 47 euros (2 pers.), 58 euros (3 pers.), 79 euros (4 pers.), 94 euros (5 pers.). Lit supp. 15 euros.

Au pied des chaumes

Jean et Woss La Sala
6 route du Frère Joseph
88310 VENTRON

- **Tél.** +33 (0)3 29 24 13 48
- **e-mail :** jean@couette.com
- www.couette.com

- **Ouverture :** ouvert toute l'année
- **Accès :** à mi-chemin entre Ventron et le domaine skiable de l'Ermitage du Frère Joseph
- **Curiosités :** l'Alsace et la route des vins, chapelle du Frère Joseph, écomusée, musées de l'automobile et de l'impression sur étoffes

700 m

2 km Frère Joseph

2 km Frère Joseph

30 km Remiremont 80 km Mulhouse 18 €

Au cœur du parc naturel régional des Hautes-Vosges, une maison à l'architecture traditionnelle. Pleins de petits détails pour un séjour à la montagne réussi : couettes en duvet, copieux petits déjeuners avec confitures et viennoiseries maison, retrouvailles le soir près de la cheminée, puis bonne table avec cuisine traditionnelle et spécialités régionales. Accueil sympathique.

1 suite et 4 chambres avec douche, WC, TV. De 115 euros (suite 4 pers.) à 65 euros (2 pers.). Lit supp. 15 euros.

ALEU Ariège

La Bernadole

Raymond Marongin
09320 ALEU
- **Tél.** +33 (0)5 61 96 89 91
- **e-mail :** contact@pyrenees-gites.com
- www. pyrenees-gites.com

800 m

- **Ouverture :** ouvert toute l'année
- **Accès :** à St-Girons, D 618 puis au Castet d'Aleu route à droite
- **Curiosités :** Saint-Girons, Andorre, les Pyrénées ariégeoises

25 km St-Girons

14 €

Un extraordinaire belvédère face à la chaîne des Pyrénées et la réserve naturelle et sauvage du Mont Valier. Confort moderne et simplicité dans les chambres. Ambiance des refuges de montagne. Piscine. Raymond aime cuisiner les produits traditionnels d'Ariège vendus sur les marchés locaux. De ses origines marseillaises, il a gardé le goût de la cuisine méditerranéenne, mais il réussit comme personne l'omelette aux cèpes du pays, ou les plats de gibier montagnard aux saveurs inoubliables. Accueil en toute simplicité. Une belle adresse pour les randonneurs !

VISA P

7 chambres avec douche, WC, lavabo pour certaines. De 21 à 28 euros (1 pers.), de 42 à 56 euros (2 pers.). Demi-pension de 35 à 42 euros (1 pers.).

AUGIREIN Ariège

Marie-Antoinette et Jean-Marc Azema-Abelous
Le Castillou
09800 AUGIREIN
• **Tél.** +33 (0)5 61 04 82 72
• **e-mail :** jmazema@wanadoo.fr
• http://perso.wanadoo.fr/jean-marc.azema/

• **Ouverture :** ouvert toute l'année
• **Accès :** à l'entrée du village en arrivant de Saint-Girons
• **Curiosités :** chemin de Compostelle, église romane d'Audressein, grotte préhistorique de Niaux

600 m

Le Mourtis

10 km

40 km St-Gaudens

15 €

Une belle demeure ancienne dans un écrin de verdure, de fleurs et d'arbres fruitiers. Panorama à couper le souffle. Chambres très confortables et décoration à l'image de la maison : meubles et bibelots anciens. Une bonne table d'hôtes à base de produits locaux. Accueil convivial.

3 chambres avec bain, douche, WC. De 40 à 50 euros (2 pers.).

Midi-Pyrénées

AX-LES-THERMES Ariège

L'Adret

Pierre Serres
2ème Bazerque
09110 AX-LES-THERMES

- **Tél.** +33 (0)5 61 64 05 70
- **Fax.** +33 (0)5 61 05 19 09
- **Ouverture :** sauf novembre
- **Accès :** à 2 km d'Ax-les-Thermes
- **Curiosités :** grotte rupestre de Niaux, château Cathare de Montségur, musée des vieux métiers

840 m

8 km

8 km

3 km Ax-les-Thermes

Dans un site pyrénéen exceptionnel, une vieille grange de 1761 entièrement rénovée dans un petit hameau verdoyant et calme. Beau jardin arboré et fleuri en petites terrasses. Des chambres simples, mais confortables. Décoration de meubles rustiques. Petits déjeuners savoureux. Accueil sympathique. Un havre de sérénité et de tranquillité !

5 chambres avec douche, WC. 50 euros (2 pers.).

Midi-Pyrénées

BOSC (LE) Ariège

Birgit et Jean-Claude Loizance
Madranque
09000 BOSC (LE)

- **Tél.** +33 (0)5 61 02 71 29
- **Fax.** +33 (0)5 61 02 71 29
- **e-mail :** birgitloizance@wanadoo.fr
- www.lavalleeverte.net
- **Ouverture :** ouvert toute l'année
- **Accès :** sur la D 17 en direction du col des Marrous
- **Curiosités :** Foix, châteaux Cathares, musées des vieux métiers, du textile, grottes

900 m

7 km

15 km Foix 85 km Toulouse 16 €

Une ancienne ferme joliment restaurée, sur les flancs de la Soulane au cœur de la "Vallée verte" avec son agréable jardin fleuri. Toutes les chambres ont une vue splendide sur les crêtes et la vallée. Chambres confortables où dominent la pierre du pays et le bois. Décoration de mobiliers anciens de style campagnard. Tentures et tissages faits maison. Table d'hôtes autour des produits du terroir. Accueil familial et décontracté pour cette adresse où règnent la bonne humeur et le bien mangé. Stages de tissage artisanal et teintures végétales organisés par les maîtres des lieux, tisserands depuis 30 ans.

1 suite et 3 chambres avec douche, WC. 40 euros (1 pers.), 45 euros (2 pers.), 60 euros (3 pers.), 75 euros (4 pers.). Lit supp. 15 euros

ERCE Ariège

La Ferme du Mont Béas

Gisèle et Jean-Pierre Casta
Illou de Las Costes
09140 ERCE

- **Tél.** +33 (0)5 61 66 80 92
- **e-mail :** la-ferme-du-mont-beas@wanadoo.fr
- www.ariege.com/ferme-du-mont-beas

- **Ouverture :** ouvert toute l'année
- **Accès :** à gauche 2 km après Ercé, puis suivre les panneaux sur 6 km
- **Curiosités :** cascade d'Ars, thermes d'Aulus, cité de Saint-Lizier, grotte du Mas d'Azil, grotte de Niaux

1070 m

18 km Guzet

18 km Guzet

30 km St Girons

14 € Bio

Dans un cadre naturel exceptionnel totalement préservé, une petite ferme équestre isolée au carrefour de nombreux sentiers de randonnée. Chambres au confort simple mais agréable à vivre. Plats traditionnels ariégeois ou familiaux élaborés avec les produits du jardin. Accueil chaleureux. Pour ceux qui aiment les chevaux Mérens et les activités équestres ou simplement la pleine nature !

3 chambres avec en commun bain, douche, WC. 34 euros (1 pers.), 38 euros (2 pers.), 52 euros (3 pers.).

SERRES-SUR-ARGET Ariège

Bourg de Mat

Marcel Sacksen
La Mouline
09000 SERRES-SUR-ARGET

520 m

- **Tél.** +33 (0)5 61 64 62 21
- **Fax.** +33 (0)5 61 64 62 25
- **e-mail :** info@bourgdemat.com
- www.bourgdemat.com
- **Ouverture :** ouvert toute l'année
- **Accès :** suivre Foix centre ville, Saint Girons, Col de Marous, La Mouline
- **Curiosités :** Foix et la montagne ariégeoise

10 km

8 km Foix 85 km Toulouse ou Carcassonne 18 € Bio

Au pied des Pyrénées ariégeoises dans la vallée de la Barguillère. Adossée à la colline, une maison des années 50 construite dans les règles de l'art du bâtiment : portes en noyer, planchers en chêne massifs,... Chambres simples à la décoration faite de mobiliers chinés çà et là. Menus de la table d'hôtes composés autour de recettes de la région, avec les produits du jardin. Accueil sympathique de Marcel et Nelly qui réalisent un vieux rêve : accueillir des "amis" chez eux.

P

3 chambres avec douche, dont 2 avec WC commun. 33 euros (1 pers.), 40 euros (2 pers.), 48 euros (3 pers.).

Chez les Berdé

Jean-Claude Berdé
09250 UNAC
- **Tél.** +33 (0)5 61 64 45 51
- **Fax.** +33 (0)5 61 64 49 07
- www.ariege.com/berde

650 m

- **Ouverture :** ouvert toute l'année
- **Accès :** suivre les panneaux
- **Curiosités :** châteaux Cathares, Andorre

1 km Luzenac

14 €

A quelques kilomètres d'Andorre et de l'Espagne, une maison de montagne à l'architecture typique de la région. Beaux jardins abondamment fleuris. Petit musée d'objets campagnards. Chambres à la décoration rustique et traditionnelle. Petits déjeuners très copieux avec pains et viennoiseries maison. Cuisine savoureuse et inventive à la table d'hôtes. Accueil chaleureux et sincère !

5 chambres avec bain ou douche, WC. 42 euros (1 pers.), 49 euros (2 pers.), 60 euros (3 pers.).

AURELLE-VERLAC Aveyron

:hambres d'Hôtes des Mazes

ıérèse et Pierre Brousse
2130 AURELLE-VERLAC
Tél. +33 (0)5 65 47 57 85
e-mail : broussepi@wanadoo.fr
www.hebergaubrac.com

1000 m

15 km

15 km

Ouverture : ouvert toute l'année
Accès : à 10 km de St-Geniez d'Olt, direction plateau de l'Aubrac
Curiosités : plateau de l'Aubrac

55 km Rodez 65 km Rodez 14 €

ur le plateau de l'Aubrac, une ancienne grange au toit recouvert de ıuzes totalement restaurée par Thérèse et Pierre, "amoureux" des maté-'aux bruts : fer, bois et pierre. Jardin verdoyant et fleuri parfaitement ntretenu et aménagé. Chambres où le bois règne en maître avec cha-une une décoration personnalisée qui leur a donné leur nom : Nordique, ·asque, Campagne, Romantique. Sauna pour quatre personnes à isposition. Petits déjeuners savoureux avec le beurre du "buron" voisin. pécialités régionales à la table d'hôtes. Accueil simple et chaleureux.

ɫ chambres avec douche, WC, Tél. 37 euros (1 pers.), 45 euros (2 pers.). .it supp. 13 euros.

LAGUIOLE Aveyron

La Ferme de Moulhac

Claudine et Philippe Long
Moulhac
12210 LAGUIOLE
• **Tél.** +33 (0)5 65 44 33 25
• **Fax.** +33 (0)5 65 44 33 25
• www.perso.wanadoo.fr/moulhac/

1100 m

11 km

11 km

• **Ouverture :** ouvert toute l'année
• **Accès :** à 2,5 km de Laguiole, direction Saint-Flour
• **Curiosités :** l'Aubrac, stations de ski, gastronomie avec Michel Bras (3*** Michelin)

60 km Rodez   65 km Rodez

Une vraie réussite aux portes de l'Aubrac : une ancienne grange a toit de lauzes réaménagée où modernité et tradition font bo ménage. Ambiance sereine dans les chambres très confortables à l décoration épurée. Plantureux petits déjeuners. Accueil très sympa thique. À découvrir absolument !

4 chambres avec bain ou douche, WC. 45 à 50 euros (1 pers.), 55 à 58 euros (2 pers.). Lit sup. 15 euros.

ANTIGNAC Haute-Garonne

Suberbielo

Michelle et Philippe Calvet-Jean
31110 ANTIGNAC
• Tél. +33 (0)5 61 94 37 03
• e-mail : contact@suberbielo.com
• www.suberbielo.com

600 m

4 km Super Bagnères

• **Ouverture :** du 15 décembre au 15 octobre
• **Accès :** au centre du village
• **Curiosités :** St-Bertrand-de-Comminges, station thermale de Bagnères, Luchon

3 km Luchon

16 € Bio

Ancienne halte sur la route des Pyrénées, cette maison bourgeoise a été restaurée avec goût. Les chambres aux noms des grands-mères, Marie-Jeanne et Rose, sont très confortables. Les autres chambres, dans l'ancienne écurie, sont aménagées plus simplement et destinées aux familles. Table d'hôtes où sont proposées les spécialités familiales et régionales suivant l'inspiration des maîtres des lieux. Accueil très sympathique dans cette maison où règne la bonne humeur. Une bonne adresse incontournable dans cette région !

1 suite et 3 chambres avec bain, WC. 40 euros (1 pers.), 45 euros (2 pers.), 64 euros (3 pers.), 79 euros (4 pers.). Lit supp. 16 euros.

Cabanasse

Sylvie et François Pellissa
avenue Saint André
31440 BURGALAYS
- **Tél.** +33 (0)5 61 88 45 10
- **Fax.** +33 (0)5 61 88 45 10
- **e-mail :** sylvie.pellissa@free.fr
- www.sudissimo.com/cabanasse.htm
- **Ouverture :** ouvert toute l'année
- **Accès :** de Burgalays, prendre dir. Luchon
- **Curiosités :** St-Bertrand de Comminges (patrimoine UNESCO), St-Béat, vallées de la Garonne et de Luchon, val d'Aran, hauts sommets pyrénéens

600 m

12 km

12 km

12 km Luchon 75 km Lourdes-Tarbes 17 €

Une ancienne ferme-bergerie entièrement rénovée située dans la vallée de Luchon et à quelques kilomètres du Val d'Aran. Très beau jardin fleuri et terrasse ombragée avec vue sur les Pyrénées. Mobiliers de style Louis Philippe et Louis XV dans les deux chambres très confortables. Jacuzzi. Sur réservation table d'hôtes avec les produits du terroir. Accueil sympathique et familial. Sylvie et François auront à cœur de vous guider dans le choix de vos visites.

2 chambres avec bain, WC. 50 euros (1 pers.), 60 euros (2 pers.), 80 euros (3 pers.), 100 euros (4 pers.). Lit supp. 20 euros.

FRONTIGNAN-DE-COMMINGES Hte-Garonne

Le relais des Frontignes

Yann Bruycker (De)
Le Village
31510 FRONTIGNAN-DE -COMMINGES

575 m

- **Tél.** +33 (0)5 61 79 61 67
- **Fax.** +33 (0)5 61 79 61 67
- **e-mail :** relaisdesfrontignes@free.fr
- www.relaisdesfrontignes.com
- **Ouverture :** ouvert toute l'année
- **Accès :** D 33, puis D 618
- **Curiosités :** cathédrale de St-Bertrand et son festival de musique, stations thermales de Luchon et Barbazan

15 km Montréjeau

18 €

Aux confins de l'Ariège, des Hautes Pyrénées et de l'Espagne, une maison de caractère du XIXème siècle entourée d'un grand parc où l'eau est souvent présente : torrent, bassin, source,... Chambres confortables à la décoration thématique : Afrique, Asie, Océanie et Europe. Beaux mobiliers anciens. Petits déjeuners et tables d'hôtes autour de produits du terroir et de spécialités régionales. Accueil disponible et attentif soucieux de faire découvrir les richesses de la région. Une adresse où règnent le calme et la sérénité...

P

2 suites et 3 chambres avec bain, WC. 44 euros (1 pers.), 52 euros (2 pers.), 72 euros (3 pers.), 92 euros (4 pers.).

JUZET-DE-LUCHON Haute-Garonne

Le Poujastou

Elodie et Thierry Cottereau
rue du Sabotier
31110 JUZET-DE-LUCHON

- **Tél.** +33 (0)5 61 94 32 88
- **Fax.** +33 (0)5 61 94 32 76
- **e-mail :** info@lepoujastou.com
- www.lepoujastou.com
- **Ouverture :** ouvert toute l'année
- **Accès :** en face de l'église
- **Curiosités :** ville thermale de Bagnères-de-Luchon, vallée d'Oueil et du Lys, l'Espagne

630 m

3 km Super Bagnères

3 km Super Bagnères

2 km Bagnères-de-Luchon

15 € Bio

Une bien belle adresse cette ancienne auberge du XVIIIème siècle Chambres confortables et douillettes. Élodie est en cuisine e mitonne de bons petits plats. Thierry, du bureau des Guides d Luchon, propose des randonnées en montagne à pied ou en VTT. Pou un séjour montagnard reposant, touristique ou sportif !

5 chambres avec bain ou douche, WC. 35 euros (1 pers.), 45 euros (2 pers.), 65 euros (3 pers.), 85 euros (4 pers.).

:hâteau de Vidaussan

:hristiane Sipieter

1510 LABROQUERE

Tél. +33 (0)5 61 95 05 68

Fax. +33 (0)5 61 95 57 19

e-mail : christiane.sipieter@wanadoo.fr

420 m

- **Ouverture :** ouvert toute l'année
- **Accès :** au bord de la Garonne
- **Curiosités :** Saint-Bertrand-de-Comminges, cité médiévale de Valcabrère, château de Valmirande, chemin de St-Jacques-de-Compostelle

15 km

5 km Montréjeau 45 km Tarbes 18 €

'rès de la rivière Garonne, dans un cadre enchanteur, un château du :IVème siècle avec ses deux tours rondes aux "chapeaux" pointus. Un scalier de pierre mène aux élégantes chambres confortables et pacieuses meublées de mobiliers anciens. Expositions de tableaux ans le salon. Cuisine du terroir à la table d'hôtes servie dans immense salle à manger. Accueil souriant et disponible.

1 suite et 4 chambres avec bain ou douche, WC. 41 euros (1 pers.), 47 euros (2 pers.), 62 euros (3 pers.), 75 euros (4 pers.). Lit supp. 13 euros.

SAINT-PAUL D'OUEIL Haute-Garonne

Maison Jeanne

Michèle Guerre
Le Village
31110 SAINT-PAUL D'OUEIL

- **Tél.** +33 (0)5 61 79 81 63
- **Fax.** +33 (0)5 61 79 81 63
- www.luchon-mourtis.com
- **Ouverture :** ouvert toute l'année
- **Accès :** plan d'accès sur demande
- **Curiosités :** Églises romanes, lacs de montagne, Luchon

1100 m

7 km Peyragudes

Sur place

6 km Luchon 90 km Tarbes

Dans une vallée protégée, au carrefour de l'Espagne, des grands cols e des stations de ski, face aux hauts sommets pyrénéens, cette maison d 1818 est superbement restaurée dans un esprit anglo-suédois. Jardi fleuri. Chambres très confortables à l'atmosphère cosy. Beaux meuble anciens et peintures au pochoir. Petits déjeuners avec des confitures e des viennoiseries maison servis près de la grande cheminée en hiver o dans les coins intimes du jardin dès la belle saison. Brunch su demande. Accueil plein de délicatesse. À découvrir aussi : la passion d Michèle pour la broderie. Une très belle adresse !

1 suite et 2 chambres avec bain, douche, jacuzzi, WC, TV. 65 euros (2 pers.), 89 euros (3 pers.), 110 euros (4 pers.).

Midi-Pyrénées

ARRENS-MARSOUS Hautes-Pyrénées

Maison Sempé

Michel Guillet
3 rue Marque de Dessus
65400 ARRENS-MARSOUS

880 m

- **Tél.** +33 (0)5 62 97 41 75
- **e-mail :** maisonsempe@aol.com
- **Ouverture :** ouvert toute l'année
- **Accès :** à côté de l'église
- **Curiosités :** lac de Gaube, Pont d'Espagne, col d'Aubisque, cirque de Gavarnie, Lourdes

Hautacam

5 km

25 km Lourdes 40 km Lourdes-Tarbes 17,50 €

Au cœur de Marsous, une grande maison bigourdane du XVIIIéme siècle parfaitement restaurée dans le style du pays. Un très beau point de vue sur le Pic du Midi d'Arrens et du Gabizos. Des chambres confortables aux noms évocateurs : « La galerie de la marmotte, la tanière de l'ours, le repère de l'aigle et l'isard. Cuisine régionale et familiale à la table d'hôtes. Accueil convivial et authentique. Une de nos adresses préférées !

4 chambres avec bain ou douche, WC. 40 euros (1 pers.), 50 euros (2 pers.), 65 euros (3 pers.), 80 euros (4 pers.).

ASQUE Hautes-Pyrénées

La Ferme du Buret

Cathy et Pierre Faye
Cami de Buret
65130 ASQUE

- **Tél.** +33 (0)5 62 39 19 26
- **Fax.** +33 (0)5 62 39 16 06
- **e-mail :** info@lafermeduburet.com
- www.lafermeduburet.com

600 m

- **Ouverture :** ouvert toute l'année
- **Accès :** après Asque, à gauche direction Cami de Buret
- **Curiosités :** les Baronnies, gouffre d'Esparros et grottes Labastide, château Mauvezin, abbaye d'Escaladieu

40 km Tarbes   40 km Lourdes-Tarbes   18 €   Bio

Située au cœur des Baronnies, une ferme traditionnelle bigourdane de 1860 restaurée avec des matériaux naturels : isolation en chanvre, bois de différentes espèces, murs enduits de chaux teintée avec la terre du terrain... Environnement de nature grandiose. Chambres climatisées de grand confort. Meubles anciens, tapis et tissus colorés et bois omniprésent font régner une atmosphère particulièrement chaleureuse. Petits déjeuners copieux. Cuisine régionale et recettes familiales à la table d'hôtes avec les produits locaux ou du potager. Accueil soucieux du bien-être des hôtes. Séjours sportifs organisés par la maîtresse de maison, monitrice nationale : découverte des pyrénées à ski, descente du pic du Midi.

2 suites et 2 chambres avec bain, douche, WC, TV, Tél. 70 euros (1 pers.), 80 euros (2 pers.). Lit supp. 15 euros.

BORDERES-LOURON Hautes-Pyrénées

La Flambée

Anne-Lise Brachet
Le Village
65590 BORDERES-LOURON
• **Tél.** +33 (0)5 62 99 98 89
• **Fax.** +33 (0)5 62 99 98 89
• **e-mail :** ch.borderes@wanadoo.fr
• http://ch.hote.borderes.free.fr

850 m

10 km

10 km

• **Ouverture :** ouvert toute l'année
• **Accès :** dans le village, 2ème pont à gauche
• **Curiosités :** gouffre d'Esparros, abbaye d'Escaladieu, St Bertrand-de-Comminges

3 km Lannemezan 70 km Tarbes 16 €

Une ancienne ferme restaurée dans une vallée montagnarde préservée. Joli jardin d'agrément. Chambres confortables à la décoration où se mélangent tradition et modernité. Beaucoup de bois partout. Table d'hôtes copieuse avec les spécialités du terroir. Accueil bienveillant et chaleureux. Calme et tranquillité garanties !

5 chambres avec douche, WC. 44 euros (2 pers.), 55 euros (3 pers.), 67 euros (3 pers.).

CAUTERETS Hautes-Pyrénées

Les Ruisseaux

Paul Hodgkinson
route de Pierrefitte
65110 CAUTERETS
- **Tél.** +33 (0)5 62 92 28 02
- **Fax.** +33 (0)5 62 92 28 02
- **e-mail :** les-ruisseaux@wanadoo.fr
- www.lesruisseaux.com

- **Ouverture :** ouvert toute l'année
- **Accès :** 7 km avant Cauterets et 3 km après Pierrefitte
- **Curiosités :** parc national des Pyrénées, Pont d'Espagne, cirque de Gavarnie, Lourdes,

650 m

7 km

15 km

25 km Lourdes 40 km Tarbes-Ossun 18 €

Située sur la pente boisée de la vallée et en surplomb du gave de Cauterets, une grande maison isolée. Grand parc arboré et fleuri. Chambres confortables à la décoration simple et fonctionnelle. Mobiliers anciens chinés çà et là. Cuisine régionale ou d'ailleurs à la table d'hôtes. Accueil chaleureux et convivial. Conseillée pour les familles ou les séjours entre amis. Prix doux !

4 chambres avec douche, WC. 39 euros (1 pers.), 49 euros (2 pers.), 66 euros (3 pers.), 83 euros (4 pers.). Lit supp. 17 euros.

Grange Saint-Jean

Brigitte et Blaise Igau
Calypso
65110 CAUTERETS
• **Tél.** +33 (0)5 62 92 58 58
• **Fax.** +33 (0)5 62 92 58 58
• **e-mail :** igau.brigitte@wanadoo.fr
• **Ouverture :** ouvert toute l'année
• **Accès :** en venant de Lourdes, 3 km avant Cauterets sur la gauche
• **Curiosités :** Cauterets, Pont d'Espagne, cirque de Gavarnie, Lourdes

900 m

3 km Cauterets

3 km Cauterets

3 km   40 km Pau

Une décoration très recherchée et un confort douillet pour les chambres de cette maison isolée entourée de bois. Beaux meubles anciens et montagnards. Somptueux et copieux petits déjeuners à la française ou à l'anglaise au coin du feu ou l'été sur la terrasse face aux montagnes. Accueil sympathique et chaleureux. À découvrir absolument !

2 chambres avec bain, WC, TV. 69 euros (2 pers.). Lit supp. 11 euros.

GREZIAN Hautes-Pyrénées

Marthe Giboudeaux
rue de Balugue
65240 GREZIAN

760 m

- **Tél.** +33 (0)5 62 39 96 78
- **Ouverture :** ouvert toute l'année
- **Accès :** au centre du village, à 500 m de l'église
- **Curiosités :** réserve naturelle de Néouvielle, parc national des Pyrénées, parc national Mont-Perdu-Ordessa

30 km Lannemezan 70 km Tarbes-Lourdes 14 €

Aux portes du parc national des Pyrénées et de la réserve naturelle de Néouvielle, dans un petit village longé par la Neste, une grande maison appartenant à la même famille depuis le XVème siècle. Cour fleurie. Vue sur les montagnes pour les chambres de grand confort. Mobiliers anciens dans toute la demeure. À la table d'hôtes, cuisine traditionnelle préparée par Madame avec les produits locaux, les légumes et les fruits du jardin. M. Giboudeaux est guide et moniteur de ski. Il pourra vous conseiller judicieusement sur les richesses de sa région.

1 suite et 1 chambre avec bain, WC. 40 euros (1 pers.), 45 euros (2 pers.), 58 euros (3 pers.).

GUCHAN Hautes-Pyrénées

Chez Annie et Loïc

Loïc Libé
Le Village
65170 GUCHAN
• **Tél.** +33 (0)5 62 39 92 68
• **e-mail :** annieetloic@libertysurf.fr
• http://annieetloic.free.fr

• **Ouverture :** ouvert toute l'année
• **Accès :** à 30 m de la place de la Mairie
• **Curiosités :** station thermale de Saint-Lary, stations de ski de Piau-Engaly, Val Louron et Peyragudes, réserve du Néouvielle, Espagne à 18 km

800 m

4 km

4 km

30 km Lannemezan   70 km Tarbes-Lourdes   18 €

A proximité de Saint-Lary Soulan et de la réserve naturelle du Néouvielle, une ferme de caractère du XIXéme siècle parfaitement restaurée. Jardin clos arboré. Chambres spacieuses et confortables à la décoration chaleureuse où dominent le bois et la pierre. Solides petits déjeuners gourmands. Cuisine régionale pyrénéenne à la table d'hôtes. Accueil sympathique et familial soucieux d'échanger avec les hôtes. Une bonne adresse, au calme, idéale en famille !

4 chambres avec bain ou douche, WC. 45 euros (1 pers.), de 55 à 60 euros (2 pers.), de 70 à 75 euros (3 pers.), de 80 à 85 euros (4 pers.).

Midi-Pyrénées

MONTGAILLARD Hautes-Pyrénées

Maison Burret

Jo et Jean-Louis Cazaux
67 le Cap-de-la-Vielle
65200 MONTGAILLARD
- **Tél.** +33 (0)5 62 91 54 29
- **Fax.** +33 (0)5 62 91 52 42
- **e-mail :** jlcazaux@tiscali.fr

450 m

- **Ouverture :** ouvert toute l'année
- **Accès :** à la sortie du village vers Lourdes D 937 et 1ère à droite
- **Curiosités :** Pic du Midi, Tourmalet, gouffre d'Esparos, Lourdes, grottes de Labastide de Méolans

6 km Bagnères-de-Bigorre   18 km Tarbes-Lourdes   16 €

Au pied des Pyrénées, une demeure Bigourdane du XVIIIème siècle au passé chargé d'histoire dans la même famille depuis 1791. Chambres de caractère, vastes et lumineuses. Décoration de charme propre aux maisons d'autrefois avec de beaux mobiliers campagnards. Dans la cuisine, qui fut celle de ses parents et de ses grands-parents, Marie-Jo mijote et mitonne une cuisine régionale savoureuse de "gasconnades" (gare aux kilos !). Petits déjeuners copieux. Accueil charmant et authentique. Ne pas oublier de visiter le petit musée sur la vie rurale concocté par Jean-Louis.

1 suite et 2 chambres avec bain ou douche, WC. De 40 à 50 euros (2 pers.). Lit supp. 8 euros.

Le Relais de l'Ours

Sébastien Bertrand
65150 NISTOS
- **Tél.** +33 (0)5 62 39 77 02
- **Fax.** +33 (0)5 62 39 74 24
- www.gites-de-France-65.com
- **Ouverture :** ouvert toute l'année
- **Accès :** plan d'accès sur demande
- **Curiosités :** vallée du Nistos, grottes de Gargas, abbaye de St-Bertrand-de-Comminges

750 m

14 km

15 km Lannemezan 50 km Lourdes-Tarbes 18 €

Une demeure de charme et son parc animalier au cœur de la vallée de Nistos dans un écrin de verdure : jardin intérieur très fleuri au bord du torrent. Bonne table autour de recettes et de spécialités du sud-ouest. Accueil sympathique. Documentations détaillées pour tout savoir sur l'ours et les Pyrénées sauvages.

1 suite et 2 chambres avec bain, WC. 28 euros (1 pers.), 38 euros (2 pers.), 46 euros (3 pers.), 54 euros (4 pers.).

Les Rocailles

Murielle Fanlou
65100 OMEX

600 m

Cauterets

Cauterets

- **Tél.** +33 (0)5 62 94 46 19
- **Fax.** +33 (0)5 62 94 33 35
- **e-mail :** muriellefanlou@aol.com
- www.lesrocailles.com
- **Ouverture :** de Pâques à la Toussaint
- **Accès :** dans le village
- **Curiosités :** Pic du Midi, Cirque de Gavarnie, Betharam, grotte de Lourdes, Pont d'Espagne, col du Tourmalet

5 km Lourdes 15 km Tarbes-Lourdes

Une maison du XVIIème siècle en pierre nichée dans un petit village à quelques kilomètres au-dessus de Lourdes. Joli jardin de poupée fleuri aménagé en "rocaille"... et une piscine. Des chambres avec un charme fou : parquets en bois blond, lits à baldaquin ou en alcôve, meubles campagnards anciens, choix des tissus,... Ambiance générale très cosy dedans comme dehors. petit déjeuner gourmands avec des confitures maison et la spécialité du pays : le fameux gâteau à la broche. Accueil très sympathique et naturel de Mireille et de son mari. Une de nos meilleures en Pyrénées !... mais, succès oblige, il faut réserver longtemps à l'avance...

3 chambres avec bain, douche, WC, TV, tél., climatisation, coffre-fort.
55 euros (1 pers.), 65 euros (2 pers.), 80 euros (3 pers.).

Le Moulin d'Orincles

Françoise Grimbert
passage du Moulin
65380 ORINCLES
- **Tél.** +33 (0)5 62 45 40 65
- **Fax.** +33 (0)5 62 45 60 50
- **e-mail :** moulindo@free.fr
- www.gites-france-65.com

450 m

- **Ouverture :** du 1er février au 30 octobre
- **Accès :** sur le cours d'eau
- **Curiosités :** Lourdes, Pic du Midi, grottes de Betharam

12 km Lourdes 10 km Lourdes-Tarbes

Dans le piémont pyrénéen, un ancien moulin à céréales parfaitement rénové. Une particularité : dans la salle commune, on peut voir l'eau passer sous la maison. Jardin arboré et fleuri. Chambres de charme très confortables et joliment décorées. Chacune porte un nom de céréales : maïs, blé et orge ! Mélange harmonieux de meubles anciens et de meubles peints. petit déjeuner copieux. Accueil naturel et sympathique. Une bonne adresse à deux pas des montagnes, de Lourdes et de Tarbes !

3 chambres avec bain, douche, WC, TV, Tél. 47 euros (1 pers.), 56 euros (2 pers.), 67 euros (3 pers.), 78 euros (4 pers.).

SAILHAN Hautes-Pyrénées

Le Relais de l'Empereur

Fabienne et Pierre Vedere
65170 SAILHAN
- **Tél.** +33 (0)5 62 40 09 18
- www.lerelaisdelempereur.com

- **Ouverture :** ouvert toute l'année
- **Accès :** 1km avant St-Lary rond point, direction Sailhan, à l'église tourner à gauche
- **Curiosités :** réserve naturelle de Néouvielle, l'Espagne, Bielsa, Pic du Midi de Bigorre

930 m

10 km

10 km

45 km Lannemezan   Tarbes - Lourdes   20 €

A 2 km de Saint-Lary par la route et à 10 mn à pied par le GR 10, une demeure magnifique du XVIème siècle parfaitement restaurée. Agréable jardin en terrasse au calme avec vue sur les montagnes. Chambres très confortables avec cheminées, balcon, douche balnéo avec fonction hammam. Un sauna aux senteurs d'eucalyptus pour se détendre après le ski ou une randonnée. Les murs en pierre ou en boiseries brutes et la décoration sobre et tendances d'aujourd'hui donnent aux chambres beaucoup d'âme et de caractère. Les petits déjeuners et les dîners sont pris, suivant la saison, devant la cheminée ou dans le jardin. Accueil convivial. Possibilité de séjours à thème: canyon, ski,... Une belle adresse !

1 suite et 3 chambres avec douche, WC, TV. 70 euros (1 pers.), 70 euros (2 pers.), 85 euros (3 pers.), 100 euros (4 pers.). Lit supp. 15 euros.

SAINT-LAURENT-DE-NESTE Hautes-Pyrénées

.a Souleillane

abienne et Jean-Luc Garcia
rue de l'Ancienne Poste
5150 SAINT-LAURENT-DE-NESTE
Tél. +33 (0)5 62 39 76 01
e-mail : info@souleillane.com
www.souleillane.com

500 m

Ouverture : ouvert toute l'année
Accès : place de la mairie, route de La-Barthe-de-Neste et 1ère à droite
Curiosités : St-Bertrand-de-Comminges, château-fort de Mauvezin, grotte préhistorique de Gargas, gouffre d'Esparros

8 km Lannemezan 45 km Lourdes-Tarbes 16 €

ncienne ferme de maître datant de 1822 dans un village typique au ed des Pyrénées entre les vallées d'Avre et de la Garonne. Jardin os fleuri. Chambres spacieuses décorées avec soin. Ambiance omantique dans certaines. Confitures et pâtisseries maison au petit éjeuner. Produits frais du jardin ou de la région à la table d'hôtes. ccueil sympathique soucieux de la qualité des échanges et de faire écouvrir les richesses de la montagne pyrénéenne.

chambres avec bain, WC. 37 euros (1 pers.), 47 euros (2 pers.), 7 euros (3 pers.), 67 euros (4 pers.). Lit supp. 10 euros.

SAINT-PE-DE-BIGORRE Hautes-Pyrénées

La Calèche

Marie-Françoise Haridon (L')
4 chemin du Bois de Lourdes
65270 SAINT-PE-DE-BIGORRE

330 m

- **Tél.** +33 (0)5 62 41 86 71
- **Fax.** +33 (0)5 62 94 60 50
- **e-mail :** turon-immobilier@wanadoo.fr
- www.chambresdhotes.net
- **Ouverture :** ouvert toute l'année
- **Accès :** après Peyrouse, 1ère route à gauche
- **Curiosités :** Lourdes, Pic du Midi, Pont d'Espagne, cirque de Gavarnie, grottes de Betharam

2 km Saint-Pé 25 km Lourdes-Tarbes

Une maison de caractère, au pied des montagnes pyrénéennes ave un jardin et son palmier bordée par un ruisseau. Architectu étonnante avec les murs à colombages et une galerie à l'étag surplombant une belle et agréable piscine. Chambres tre confortables. Décoration de meubles anciens d'époque, de dentelle bibelots et d'une remarquable harmonie des tissus des tentures des jetées de lit. Petits déjeuners copieux avec les confitures les gâteaux faits maison. Accueil convivial.

2 chambres avec bain ou douche, WC, TV. 65 euros (1 pers.), 65 euro (2 pers.).

SAINT-PE-DE-BIGORRE Hautes-Pyrénées

Le Grand Cèdre

Annick et Christian Peters
6 rue du Barry
65250 SAINT-PE-DE-BIGORRE

- **Tél.** +33 (0)5 62 41 82 04
- **Fax.** +33 (0)5 62 41 85 89
- **e-mail :** chp@grandcedre.com
- www.grandcedre.com

400 m

- **Ouverture :** ouvert toute l'année
- **Accès :** à 50 m de la place aux Arcades et de l'église
- **Curiosités :** grottes de Bétharam à 2 km et de Lourdes à 7 km, église du XIème siècle de Saint-Pé-de-Bigorre

7 km Lourdes 20 km Lourdes-Tarbes 22 €

Au cœur du village, sur une belle propriété aux arbres multiséculaires, une maison de maître du XVIIème siècle. Dans le parc, des pergolas fleuries de roses odorantes, un petit jardin potager à la française et un coin des plantes aromatiques. Accès indépendant pour les chambres très confortables. Décoration élégante et atmosphère bourgeoise d'autrefois. Très beaux mobiliers anciens. Salon de musique avec son piano. Table d'hôtes de spécialités du sud-ouest. Accueil chaleureux plein d'humour. Une belle adresse de piémont pour découvrir confortablement les Pyrénées.

4 chambres avec bain ou douche, WC. 53 euros (1 pers.), 60 euros (2 pers.), 73 euros (3 pers.), 86 euros (4 pers.). Lit supp. 13 euros.

Midi-Pyrénées

SALLES Hautes-Pyrénées

Le Belvédère

Dominique Crampe
6 rue de l'Église
65400 SALLES

- **Tél.** +33 (0)5 62 97 23 68
- **Fax.** +33 (0)5 62 97 23 68
- www.argeles-pyrenees.com
- **Ouverture :** sauf novembre
- **Accès :** à l'entrée du village
- **Curiosités :** Lourdes, cirque de Gavarnie, Pic du Midi de Bigorre, Pont d'Espagne

650 m

10 km Cauterets

10 km Cauterets

10 km Lourdes 12 km Lourdes 14 €

Idéalement située en Pyrénées dans un petit village typique, une maison de maître du XVIIIéme siècle dans un cadre exceptionnel. Jardin arboré et fleuri. Piscine. Chambres spacieuses et confortables à la décoration sobre accessibles par une superbe montée d'escalier en bois. petit déjeuner et dîners servis devant une cheminée monumentale. L'été, votre hôte vous propose un rafraîchissement sous la tonnelle. Accueil sympathique et décontracté. Une bonne adresse pour se ressourcer.

1 suite et 2 chambres avec douche, WC. 30 euros (1 pers.), 60 euros (2 pers.). Lit supp. 5 euros.

BREOLE (LA) Alpes-de-Haute-Provence

L'Arnica

Carole van den Driessche
Route du Col des Fillys
04340 BREOLE (LA)

1200 m

- **Tél.** +33 (0)4 92 85 54 81
- **Fax.** +33 (0)4 92 85 54 81
- **e-mail :** sychaix@wanadoo.fr
- www.chambres-hotes-arnica.com
- **Ouverture :** ouvert toute l'année
- **Accès :** dans le village direction Col des Fillys, puis 3 km
- **Curiosités :** Lac de Serre-Ponçon, Fort Vauban à Seyne-les-Alpes, sept stations de ski aux alentours

Praloup, Les Orres, Sauze

Sur place

30 km Gap

18 €

Une ancienne bergerie de 1670 restaurée, avec une vue panoramique sur le lac de Serre-Ponçon. Des chambres douillettes, très confortables et magnifiquement décorées de mobiliers campagnards et de boutis aux couleurs claires. Cuisine gourmande traditionnelle ou végétarienne. Accueil plein de gentillesse de Carole. Une maison vraiment agréable...

1 suite et 3 chambres avec bain ou douche, WC. 55 euros (1 pers.), de 55 à 58 euros (2 pers.), suite 100 euros (2 pers. + 2 enfants). Lit supp. 25 euros. Demi-pension 43 à 45 euros par pers./jour/base 2 pers.

CONDAMINE-CHATELARD (LA) Alpes-Haute-Proven

Les chambres de Dona et Daniel

Daniel Maurel
Tournoux
04530 CONDAMINE-CHATELARD (LA)

1500 m

- **Tél.** +33 (0)4 92 84 32 40
- **Ouverture :** du 1er juillet au 15 septembre
- **Accès :** à 2 km de la D 900
- **Curiosités :** tour de l'Ubaye avec le GR5 et le GR56

85 km Gap

Un lieu très calme dominant une forêt de mélèzes et sapins. Une ancienne ferme rénovée dans le respect de l'architecture d'origine. Une décoration à l'âme voyageuse de Madagascar et des Indes. Un lieu idéal pour la randonnée en liberté pour rejoindre les sommets de la haute montagne.

3 chambres avec douche, WC. 36 euros (1 pers.), 45 euros (2 pers.), 53 euros (3 pers.), 61 euros (4 pers.). Lit supp. 8 euros.

ENCHASTRAYES Alpes-de-Haute-Provence

Champ Rond

Lyliane et Marc van Zurk
Le Villard
04400 ENCHASTRAYES
- **Tél.** +33 (0)4 92 81 33 75
- **e-mail :** champ-rond@ifrance.com
- www.ifrance.com/champ-rond
- **Ouverture :** du 2 janvier au 30 octobre
- **Accès :** sur la D 900, prendre à droite
- **Curiosités :** les villas mexicaines, le parc national du Mercantour, les stations de ski

1250 m

6 km Super Sauze

6 km Super Sauze

65 km Gap

16 €

Très beau chalet contemporain avec vue dominante sur la vallée de l'Ubaye. Chambres bien tenues, confortables à la décoration d'inspiration montagnarde. Ambiance chaude et gaie par le choix des tissus colorés et le bois partout présent. Au coin du feu, table d'hôtes à base de spécialités régionales pour retrouver toutes les saveurs de la cuisine du sud. Accueil chaleureux et sympathique. Une bonne adresse !

3 chambres avec douche, WC. De 38 à 41 euros (1 pers.), de 42 à 48 euros (2 pers.). Lit supp. 15 euros.

JAUSIERS Alpes-de-Haute-Provence

La Mexicaine

Cécile Fontaine
Les Clos des Guéniers
04850 JAUSIERS

- **Tél.** +33 (0)4 92 84 69 63
- **Fax.** +33 (0)4 92 84 69 63
- **e-mail :** lamexicaine@wanadoo.fr
- www.lamexicaine.com
- **Ouverture :** du 15 décembre au 15 octobre
- **Accès :** à la sortie du village, dir. Cime de la Bonette, Nice
- **Curiosités :** parc national du Mercantour, l'Ubaye, route des Grandes Alpes, Saint-Véran

1220 m

15 km Sauze, Praloup

Larche

65 km Gap

Témoin d'aujourd'hui de l'histoire de la Vallée de l'Ubaye, une demeure de charme dite "Mexicaine" parfaitement rénovée. Chambres confortables avec chacune leur décoration : montagne, mer, romantisme et la chambre d'écriture "réservée" aux écrivains à l'atmosphère propice à la création littéraire. petit déjeuner autour de la table familiale. Accueil chaleureux et sincère dans cette maison où les livres tiennent une grande place... Organisation de soirées thématiques avec la Maison de la presse du village.

1 suite et 3 chambres avec douche, WC. 40 euros (1 pers.), 46 euros (2 pers.), 62 euros (3 pers.). Possibilité de gîtes.

JAUSIERS Alpes-de-Haute-Provence

Les Bartavelles

Anne et Vincent Lucas
rue Principale
04850 JAUSIERS
• **Tél.** +33 (0)4 92 84 69 86
• **Fax.** +33 (0)4 92 84 69 86
• **e-mail :** anvi.lucas@wanadoo.fr
• http://perso.wanadoo.fr/bartavelles/

1200 m

• **Ouverture :** ouvert toute l'année
• **Accès :** au cœur du village, au début de la rue piétonne
• **Curiosités :** les villas mexicaines, l'Ubaye et le Queyras, plan d'eau de Jausiers, les stations de Pra-Loup et Super-Sauze

70 km Gap

20 à 22 €

Dans ce village de la vallée de l'Ubaye, trait d'union entre les Alpes et la Provence, un gîte d'étape et de séjour jouissant de prestations équivalentes à celles des chambres d'hôtes. Jardinet bien orienté pour se détendre. Chambres à la décoration thématique et originale avec chacune leur charme particulier contenu dans leur nom : fleurs, potager, marine, exotique, mexicaine,... Table d'hôtes savoureuse et réputée avec Vincent, chef de cuisine d'un établissement renommé de la région. Accueil chaleureux de Annie. Une bonne étape pour les gourmands !

10 chambres avec douche, WC. 35 euros (1 pers.), 45 euros (2 pers.), 68 euros (3 pers.), 84 euros (4 pers.). Lit supp. 16 euros

MEOLANS-REVEL Alpes-de-Haute-Provence

Maison d'hôtes des Méans

Elisabeth Millet
04340 MEOLANS-REVEL

- **Tél.** +33 (0)4 92 81 03 91
- **Fax.** +33 (0)4 92 81 03 91
- **e-mail :** lesmeans@chez.com
- www.chez.com/lesmeans
- **Ouverture :** du 25 avril au 5 novembre
- **Accès :** sur CD 900, après La Fresquière
- **Curiosités :** parc national du Mercantour, lac de Serre-Ponçon

1000 m

10 km

60 km Gap

Dans un hameau de montagne à quelques pas de la rivière Ubaye, une ancienne ferme-château restaurée du XVIème siècle. Un grand jardin et son verger avec une vue unique sur les montagnes et la vallée. Cuisine d'été à disposition. De jolis meubles anciens dans la maison et les chambres, et une décoration personnalisée à l'ambiance provençale ou montagnarde. Petits déjeuners servis dans une immense salle voûtée ou en été dans le jardin : viennoiseries du jour, pains spéciaux, confitures maison et miel du pays, fruits,... Accueil sympathique par des professionnels de la montagne. Une de nos adresses "sportives" préférées dans la région : GR 56 devant la maison, prêt de matériel de randonnée, cartes et itinéraires conseillés.

VISA P

2 suites et 3 chambres avec bain, WC. 60 euros (1 pers.), de 50 à 95 euros (2 pers.), 140 euros (4 pers.). Lit supp. 15 euros.

MOLANES (LES) Alpes-de-Haute-Provence

La Ferme du Couvent

Nathalie et Jean-Pierre Riehl
Les Molanes – Pra-loup 1500
04400 MOLANES (LES)
- Tél. +33 (0)4 92 84 05 05
- Fax. +33 (0)4 92 84 05 05
- e-mail : info@ferme-du-couvent.fr
- www.ferme-du-couvent.com

- **Ouverture :** ouvert toute l'année
- **Accès :** à Pra-Loup 1500, tourner à gauche et trois virages plus haut suivre les panneaux
- **Curiosités :** parc national du Mercantour, Barcelonnette, l'Italie

1600 m

1 km Pra-Loup 1500

70 km Gap

25 € Bio

Bâtie par des moines au XIVéme siècle, cette demeure n'en finit plus de contempler les montagnes qui l'entourent en toute saison. Chambres simples qui participent à la quiétude des lieux. Dîners savoureux servis au coin de la cheminée. Accueil de Nathalie et Jean-Pierre très attentionné et soucieux du bien-être de leurs hôtes. Stages de ski, raquettes ou peaux de phoques en hiver, ainsi que stages de découverte des techniques de relaxation.

VISA P

5 chambres avec douche, WC, TV. 35 euros (1 pers.), 70 euros (2 pers.), 105 euros (3 pers.), 140 curos (4 pers.). Demi-pension sur demande.

OMERGUES (LES) Alpes Haute Provence

Le Moulin de la Viorne

Nanou Colonna-Boutterin
04200 OMERGUES (LES)
- Tél. +33 (0)4 92 62 01 65
- Fax. +33 (0)4 92 62 06 03
- www.guideweb.com/provence/bb/viorne

850 m

- **Ouverture :** de Pâques à la Toussaint
- **Accès :** à 1 km après le village en venant de Séderon à droite
- **Curiosités :** vallée du Jabron et de la Méouge, Sisteron, montagne de Lure, Montbrun-Les-Bains

30 km Sisteron

25 € Bio

Un ancien moulin Templiers du XVIIème siècle totalement restauré. Piscine. Chambres spacieuses, sobres et confortables. Décoration élégante avec de nombreux tableaux exposés du peintre de la maison : Claude Boutterin. Excellents plantureux petits déjeuners. Table d'hôtes avec les produits du terroir. Accueil simple et chaleureux. Une belle adresse à l'écart du bruit et de l'agitation pour ceux qui recherchent silence, sérénité et tranquillité !

1 suite et 2 chambres avec bain, WC. De 55 à 65 euros (1 pers.), de 57 à 68 euros (2 pers.). Lit supp. 20 euros.

Paca

SAINT-PONS Alpes-de-Haute-Provence

Domaine de Lara

Arlette Signoret
RD 609
04400 SAINT-PONS

1150 m

- **Tél.** +33 (0)4 92 81 52 81
- **Fax.** +33 (0)4 92 81 07 76
- **e-mail :** arlette.signoret@wanadoo.fr
- www.domainedelara.com
- **Ouverture :** fermeture du 20 novembre au 20 décembre
- **Accès :** à 2,5 km à l'ouest de Barcelonnette
- **Curiosités :** Barcelonnette et les villas mexicaines, les vallées de l'Ubaye

10 km, Super Sauze, Pra-Loup

10 km, Super Sauze, Pra-Loup

60 km Gap

Dans un écrin de verdure de 12 ha avec sa forêt de pins, ses massifs de lavande et son torrent classé, une bastide de charme du XVIème siècle totalement restaurée. Chaque chambre a sa propre décoration où se marient avec raffinement vieilles pierres, meubles anciens et tissus choisis. Petits déjeuners gourmands avec des produits de fabrication artisanale servis dans l'immense et superbe salle à manger. Accueil sympathique, discret et attentionné. Une très belle adresse !

5 chambres avec bain ou douche, WC. De 58 à 66 euros (1 pers.), de 63 à 71 euros (2 pers.). Lit supp. 17 euros.

SAINT-PONS Alpes-de-Haute-Provence

L'escale en Ubaye

Hans Van der Meer
Lara
04400 SAINT-PONS

- **Tél.** +33 (0)4 92 81 26 82
- **e-mail :** escale-en-ubaye@wanadoo.fr
- www.escale-en-ubaye.com

- **Ouverture :** ouvert toute l'année
- **Accès :** près de l'aérodrome de Saint-Pons
- **Curiosités :** Barcelonnette, les villas mexicaines, les vallées de l'Ubaye

1135 m

7 km, Le Sauze et Pra-Loup

7 km, Le Sauze et Pra-Loup

65 km Gap

18 € Bio

Une ferme de 1780 entièrement rénovée dans un des plus anciens villages de la vallée de l'Ubaye. Du jardin ensoleillé, arboré et fleuri, panorama magnifique sur les montagnes et les stations de ski de Pra-Loup et Le Sauze. Chambres confortables et spacieuses. C'est dans le magnifique salon voûté à la décoration et au mobilier contemporain que se prennent les petits déjeuners et les dîners. Accueil sympathique.

VISA

1 suite et 4 chambres avec douche, WC, TV. 48 euros (1 ou 2 pers.), 68 euros (3 pers.), 85 euros (4 pers.). Lit supp. 18 euros.

Paca

UVERNET-FOURS Alpes-de-Haute-Provence

Le Rozet

Guy Garcin
route du Col d'Allos
04400 UVERNET-FOURS

- **Tél.** +33 (0)4 92 81 10 64
- **Fax.** +33 (0)4 92 81 10 64
- **e-mail :** lerozet@club-internet.fr
- www.guideweb.com/provence/bb/rozet
- **Ouverture :** ouvert toute l'année
- **Accès :** sur la route du col d'Allos, D 908
- **Curiosités :** parc aux Marmottes au Sauze-du-Lac,
  plan d'eau de Jauziers,
  musée de la vallée de Barcelonnette

1280 m

5 km Praloup

Larche

65 km Gap

16 €

Une ancienne bergerie, en pleine nature, avec une vue magnifique sur les sommets du Pain de Sucre et le Chapeau de Gendarme. Chambres confortables à la décoration et aux noms personnalisés : la Neptune, l'Amandine, l'Ancolie, la Tajine et la Namasté (Bienvenue en népalais). Petits déjeuners copieux et savoureux : pain et brioches cuits au feu de bois par le boulanger "Martin". Cuisine traditionnelle ou créole servie à la table d'hôtes. Accueil chaleureux.

5 chambres avec bain ou douche, WC, Sauna. De 48 à 52 euros (2 pers.). Lit supp. 15 euros. Demi-pension 42 euros/jour (1 pers.).

ABRIES Hautes-Alpes

Les Agnelets

Véronique et Jean-Lucien Audier-Merle
05460 ABRIES
- Tél. +33 (0)4 92 46 72 64
- Fax. +33 (0)4 92 46 75 69

- **Ouverture :** ouvert toute l'année
- **Accès :** dans le village
- **Curiosités :** parc naturel régional du Queyras

1550 m

Sur place

Sur place

35 km Montdauphin

Au cœur du parc naturel régional du Queyras et au centre du village une ferme familiale en activité. Chambre confortable avec ses meubles et sa literie du début du siècle : draps brodés, lits anciens. Salle à manger chaleureuse où sont servis les petits déjeuners. Accueil convivial. Une adresse simple pour découvrir la vie au quotidien d'une ferme de montagne.

3 chambres avec douche, WC, TV. 45 euros (1 pers.), 49 euros (2 pers.).

ANCELLE Hautes-Alpes

L'Edelweiss

Josiane Meizel
Les Auches
05260 ANCELLE

- **Tél.** +33 (0)4 92 50 82 39
- **e-mail :** ancelle.edelweiss@free.fr
- www.chambresdhote-ancelle.com
- **Ouverture :** du 15 novembre au 27 décembre
- **Accès :** au lieu-dit
- **Curiosités :** parc national des Écrins, lac de Serre-Ponçon

1350 m

Sur place

Sur place

17 km Gap 100 km Grenoble 14 €

Aux portes du parc national des Ecrins, dans la station-village d'Ancelle, une grande maison et une belle pelouse fleurie pour contempler la nature. Ambiance montagne dans les chambres douillettes et confortables. Table d'hôtes avec les spécialités du Champsaur, principalement. Pain cuit au feu de bois. Skis ou raquettes aux pieds l'hiver et randonnées et VTT l'été. Accueil chaleureux et familial.

VISA P

4 chambres avec douche, WC. De 45 à 47 euros (2 pers.), de 54 à 61 euros (3 pers.). Lit supp. 15 euros.

Chalet Viso

Brigitte et Joël Meunier-Merlioz
La Chalp
05350 ARVIEUX

- **Tél.** +33 (0)4 92 46 85 77
- **Fax.** +33 (0)4 92 46 85 80
- **e-mail :** info@chaletviso.com
- www.chaletviso.com

- **Ouverture :** ouvert toute l'année
- **Accès :** au pied des pistes de ski alpin
- **Curiosités :** parc naturel régional du Queyras

1650 m

Sur place

Sur place

20 km Guillestre

13 €

Une ancienne demeure queyrassine très vaste à proximité des pistes de ski et des chemins de randonnée du GR 5 et du GR 58. Les chambres simples donnent sur des terrasses ensoleillées et fleuries. Soirées au coin du feu. Cuisine familiale à la table d'hôtes. Accueil chaleureux.

6 chambres avec douche, WC communs. 40 euros en demi-pension par personne. Réductions enfants.

ASPRES-SUR-BUECH Hautes-Alpes

Château d'Aspres-sur-Buëch

Albane Jacquart
Le château
05140 ASPRES-SUR-BUECH
• **Tél.** +33 (0)4 92 58 74 78
• **e-mail :** jacquart.albane@wanadoo.fr
• www.chateaudaspres.com

800 m

• **Ouverture :** ouvert toute l'année
• **Accès :** château situé sur la place du village, place de la Fontaine
• **Curiosités :** vallée du Buëch, route des cadrans solaires

1 km Aspres-sur-Buëch

Au cœur du village, un petit château en pierre de 1452. Dominé par une grande terrasse, une piscine et un jardin en pinède avec vue sur la montagne. Cadran solaire sur la tour avec pour devise : "Une parole vaut mieux qu'un écrit" !... Suites et chambre de grand confort avec leurs mobiliers anciens, salon, coin bureau bibliothèque. Petits déjeuners gourmands servis dans la salle à manger aux boiseries du XVIIIème siècles et la cheminée en armoirie. Accueil sympathique pour découvrir la vie de château à 30 minutes des stations du Dévoluy.

2 suites et 1 chambre avec bain ou douche, WC, TV. 80 euros (1 pers.), 90 euros (2 pers.). Lit supp. 20 euros.

BARATIER Hautes-Alpes

La Fernande

Pierre et Luisella Bellot
Champ Rambaud
05200 BARATIER
- **Tél.** +33 (0)4 92 43 81 13
- **e-mail :** lpbellot.lafernande@wanadoo.fr
- www.gdf05.com
- **Ouverture :** de mai à octobre
- **Accès :** sur la place du village monter la rue du Pouzenc pendant 1 km
- **Curiosités :** Embrun, lac de Serre-Ponçon, la vallée de la Durance

998 m

8 km Les Orres

8 km Les Orres

3 km Embrun

20 €

Une ancienne ferme vieille de plus de deux siècles totalement rénovée. Très belle vue sur la ville d'Embrun et les montagnes environnantes. Accès indépendants pour les chambres confortables et spacieuses, aux murs chaulés, aux couleurs du sud. Décoration simple mais de bon goût. Servis dans l'ancienne bergerie, les petits déjeuners et la table d'hôtes sont composés avec les produits de la ferme. Accueil chaleureux.

4 chambres avec douche, WC. 60 euros (2 pers.). Lit supp. de 12 à 20 euros.

BÂTIE-NEUVE (LA) Hautes-Alpes

La Pastorale

Jean-Marc et Sylviane Passeron
Les Brès
05230 BÂTIE-NEUVE (LA)

1000 m

- **Tél.** +33 (0)4 92 50 28 40
- **Fax.** +33 (0)4 92 50 21 14
- **e-mail :** la-pastorale@wanadoo.fr
- **Ouverture :** ouvert toute l'année
- **Accès :** suivre le CD 214 puis le CD 614 jusqu'au hameau
- **Curiosités :** parc national des Écrins, lac de Serre-Ponçon

12 km Gap

En pleine nature, à cinq minutes du lac de Serre-Ponçon, une bâtisse du XVIème siècle totalement rénovée. Belle vue. Piscine. Chambres spacieuses et confortables à la décoration raffinée. Accueil sympathique et disponible pour découvrir tous les atouts des montagnes des Alpes du sud.

VISA

1 suite et 7 chambres avec bain ou douche, WC, TV, Tél/Internet. 68 euros (2 pers.), 74 euros (4 pers.). Lit supp. 9 euros.

Paca

BENEVENT et CHARBILLAC Hautes-Alpes

Le Caïrn

Brigitte Gourdou
Charbillac
05500 BENEVENT et CHARBILLAC
- **Tél.** +33 (0)4 92 50 54 87
- **Fax.** +33 (0)4 92 50 54 87
- **e-mail :** gite.le.cairn@wanadoo.fr
- http://le.cairn.free.fr
- **Ouverture :** sauf avril
- **Accès :** D 23 dir. La Motte
- **Curiosités :** parc national des Écrins, lac de Serre-Ponçon, Gap, Notre-Dame-de-la-Salette

1150 m

9 km Chaillol 1600

6 km Chaillol 1600

20 km Gap 20 km Gap-Tallard 13 € Bio

Dans un petit hameau du Champsaur, cette ferme rénovée du XVIIIème siècle veille sur le soleil, la vallée et les montagnes. Chambres confortables et lumineuses au premier étage de la maison. Décoration simple mais chaleureuse. Table d'hôtes savoureuse avec une multitude de spécialités régionales du terroir ou de Brigitte. Accueil sympathique par des montagnards pour découvrir la vie paisible d'un village rythmée par le passage des troupeaux ou l'animation autour du four à pain.

4 chambres avec douche, WC. 37 euros (1 per.), 42 euros (2 pers.). Lit supp. 21 euros.

BRIANCON Hautes-Alpes

La Riolette

Nadine et Thierry Moya
38 rue du Melezin - Villard-St Pancrace
05100 BRIANCON

- Tél. +33 (0)4 92 20 58 68
- e-mail : riolette@free.fr

1280 m

Sur place

Sur place

- **Ouverture :** toute l'année sauf du 04 novembre au 22 décembre
- **Accès :** après Briançon, suivre les dir. Gap-Embrun puis Villard
- **Curiosités :** fortifications Vauban à briançon, cols de l'Izoard et du Galibier, les stations de Serre-Chevalier, Montgenèvre, Puy-St-Vincent

2 km Briançon

14 €

Une exploitation de vaches laitières en activité où vous pourrez goûter aux produits de la ferme. Chambres à la décoration simple et moderne d'inspiration montagnarde. Petits déjeuners et table d'hôtes gourmands. Accueil sympathique. Une bonne situation pour rayonner dans toutes les vallées environnantes été comme hiver.

5 chambres avec douche, WC. De 30 à 36 euros (1 pers.), de 40 à 47 euros (2 pers.), de 47 à 54 euros (3 pers.), de 52 à 59 euros (4 pers.).

Paca

CERVIERES Hautes-Alpes

Auberge-Refuge Napoléon

Monique Guion
Col de l'Izoard
05100 CERVIERES
- **Tél.** +33 (0)4 92 21 17 42
- **Fax.** +33 (0)4 92 21 17 42

2360 m

- **Ouverture :** du 27 décembre au 15 avril
  et du 1er juin au 30 septembre
- **Accès :** au col
- **Curiosités :** le parc régional du Queyras,
  la ville fortifiée de Briançon

Sur place

23 km Briançon

Un panorama à couper le souffle pour le légendaire col de l'Izoard. Propriété de la même famille depuis 1948, ce refuge historique, offre six chambres à la décoration croquignolette, mais au confort simple. Auberge au rez-de-chaussée où sont servis des plats du terroir. Accueil sympathique pour cette adresse d'altitude.

6 chambres avec douche, WC. 45 euros en demi-pension (1 pers.).

Paca

CHATEAUROUX-LES-ALPES Hautes-Alpes

Chalet Sainte-Anne

Régine Cazabon
Champ Bellon
05380 CHATEAUROUX-LES-ALPES

- **Tél.** +33 (0)6 84 39 33 87
- **e-mail :** azine@wanadoo.fr
- **Ouverture :** ouvert toute l'année
- **Accès :** au lieu-dit Champ Bellon
- **Curiosités :** cathédrale d'Embrun, le fort de Mont Dauphin, abbaye de Boscodon, barrage de Serre-Ponçon

1050 m

15 km Crévoux

15 km Crévoux

7 km Embrun

Bio

Dans le parc national des Écrins et à quelques minutes d'Embrun, un chalet de montagne au cœur d'un jardin fleuri et arboré de résineux. Très belle vue sur les montagnes environnantes. Ambiance chaleureuse dans les chambres où le bois domine. Décoration dans l'esprit des chalets de montagne. Accueil sympathique. Possibilité de séjours bien-être sur rendez-vous : jacuzzi et massages...

2 chambres avec douche, WC. 39 euros (1 pers.), 48 euros (2 pers.). Lit supp. 24 euros adultes et 13 euros enfants.

CHATEAUROUX-LES-ALPES Hautes-Alpes

Les Ancolies

Simone Delclaux
Champ Bellon
05380 CHATEAUROUX-LES-ALPES

- **Tél.** +33 (0)4 92 43 07 80
- **Fax.** +33 (0)4 92 43 07 80

- **Ouverture :** ouvert toute l'année
- **Accès :** à proximité du village
- **Curiosités :** Embrun et sa cathédrale, forts de Mont Dauphin et de Briançon, Serre-Ponçon, parc national des Écrins

1000 m

Vars-Risoul

Crévoux

7 km Embrun

Bio

Aux portes du parc national des Écrins, un chalet contemporai entouré d'un jardin arboré et fleuri. Vue magnifique sur les sommet environnants. Chambres confortables à la décoration sobre. Petit déjeuners pris sous la véranda. Jus de fruits du village. Accuei charmant et chaleureux de Simone.

3 chambres avec bain ou douche, WC, TV. 37 euros (1 pers.), de 45 à 49 euros (2 pers.). Lit supp. 23 euros.

Paca

CHATEAUROUX-LES-ALPES Hautes-Alpes

L'Aster des Alpes

Sophie Riou
Hameau de Serre Buzard
05380 CHATEAUROUX-LES-ALPES

- **Tél.** +33 (0)4 92 43 82 24
- **Fax.** +33 (0)4 92 43 82 24
- **e-mail :** info@aster-des-alpes.com
- www.aster-des-alpes.com
- **Ouverture :** de novembre à septembre
- **Accès :** vers le quartier de Champ Bellon
- **Curiosités :** parc national des Écrins, église de St-Marcellin, cathédrale d'Embrun

1300 m

Vars-Risoul

Crévoux

16 km Embrun

14 €

Au bout d'une petite route de montagne, une ancienne ferme traditionnelle du XVIIème siècle. Chambres simples à la décoration montagnarde. Spécialités montagnardes et provençales à la table d'hôtes. Panorama magnifique et convivialité des hôtes. Toutes les activités de la montagne à proximité, été comme hiver. Accueil convivial et sincère. Une adresse à prix doux, presque au bout du monde...

VISA

4 chambres avec douche. 30 euros (1 pers.), 45 euros (2 pers.), 65 euros (3 pers.). Lit supp. 20 euros.

EMBRUN Hautes-Alpes

Le Pigeonnier

Marie-Christine Lapassat
2 rue Victor Maurel
05200 EMBRUN

1000 m

- **Tél.** +33 (0)4 92 43 89 63
- **Fax.** +33 (0)4 92 43 89 63
- **e-mail :** marie-christine.lapassat@wanadoo.fr
- **Ouverture :** ouvert toute l'année
- **Accès :** à 5 mn à pied de la gare
- **Curiosités :** Embrun, parc national des Écrins, lac de Serre-Ponçon, le Queyras

15 km

15 km

Embrun

20 €

Dans le cœur historique d'Embrun, une magnifique maison bourgeoise située, au calme, en fond de jardin. Devant la terrasse ensoleillée où sont servis les petits déjeuners, une enfilade d'orangers en pot. Chambres spacieuses et très confortables avec de très grandes salles de bain. Beaux parquets en noyer. Décoration comme il se fait aujourd'hui : boiseries peintes aux tons pastels, boutis, meubles anciens, tableaux... dans un harmonieux mélange de classicisme et de modernité. Accueil sympathique. Une belle adresse en ville !

3 chambres avec bain, douche, WC. 100 euros (2 pers.)

L'Edelweiss

Raymonde Mathery
route de Caléyère
05200 EMBRUN
- **Tél.** +33 (0)4 92 43 39 76
- **Fax.** +33 (0)4 92 43 39 76
- **e-mail :** edelweiss.matheryr@free.fr
- www.edelweiss-embrun.fr.st
- **Ouverture :** ouvert toute l'année
- **Accès :** passer devant la gare, puis le lycée et dir. La Caléyère
- **Curiosités :** Embrun et sa cathédrale, lac de Serre-Ponçon, abbaye de Boscodon

1050 m

Les Orres

Les Orres

2 km Embrun

Bio

Près d'Embrun et en pleine nature, une maison moderne avec une vue panoramique sur les chaînes de montagnes. Jardin arboré et très fleuri. Chambres lumineuses, bien tenues au confort simple. Sanitaires communs pour certaines. Soleil garanti sur la terrasse. Petits déjeuners « bio ». Accueil familial.

1 suite et 4 chambres avec bain ou douche, WC communs pour certaines chambres. 45 euros (1 ou 2 pers.). Lit supp. 17 euros.

Paca

GAP Hautes-Alpes

Le Parlement

Anne et Bruno Drouillard
Charance
05000 GAP

- **Tél.** +33 (0)4 92 53 94 20
- **Fax.** +33 (0)4 92 53 94 20
- **e-mail :** drouillard@tele2.fr
- www.maisondhotes-leparlement.com
- **Ouverture :** ouvert toute l'année
- **Accès :** De Gap, dir. Orange/valence. Rd point 3 cascades dir. Domaine de Charance
- **Curiosités :** Gap, route des cadrans solaires, les montagnes...

1000 m

12 km

10 km

5 km Gap 12 km Gap-Tallard

Au cœur d'un grand parc arboré et fleuri, une belle demeure du XVIIIème siècle, ancienne dépendance du Château de Charance. Chambres très confortables et décorées avec goût. Meubles en fer forgé, patine à la chaux et aux ocres du Luberon. Piscine. Sauna. Petits déjeuners servis à volonté avec des pâtisseries et des confitures maison. Séjours à thème proposés par Bruno, guide de haute montagne et moniteur de VTT. Accueil jeune, décontracté et sportif. Une très belle adresse de charme !

1 suite et 4 chambres avec bain ou douche, WC. 55 euros (1 pers.), de 60 à 80 euros (2 pers.), de 80 à 100 euros (3 pers.), 120 euros (4 pers.). Lit supp. 20 euros.

Le Château

Bernard Levi
05600 GUILLESTRE
- **Tél.** +33 (0)4 92 20 99 72
- **Fax.** +33 (0)4 92 45 33 36
- **e-mail :** contact@lechateau-guillestre.com
- www.lechateau-guillestre.com
- **Ouverture :** ouvert toute l'année
- **Accès :** au sommet du village
- **Curiosités :** parc national des Écrins, le Queyras, lac de Serre-Ponçon, Mont Dauphin

1000 m

12 km

12 km

5 km Mont Dauphin

16 €

Une maison bourgeoise de la fin du XIXème siècle qui surplombe le village de Guillestre. Vue exceptionnelle sur les montagnes environnantes. Grand jardin arboré et fleuri. Chambres confortables décorées de mobiliers et d'objets anciens. Les petits déjeuners et les dîners sont servis, quand le temps le permet, sur la terrasse. Cuisine raffinée et inventive. Accueil chaleureux et personnalisé.

VISA

5 chambres avec douche, WC. 52 euros (1 pers.), 60 euros (2 pers.), 90 euros (3 pers.), 120 euros (4 pers.). Lit supp. 15 euros.

MOLINES-EN-QUEYRAS Hautes-Alpes

Le Val d'Azur

Solange et Didier Prosper
05350 MOLINES-EN-QUEYRAS

1780 m

- **Tél.** +33 (0)4 92 45 86 15
- **e-mail :** didier.Prosper@libertysurf.fr
- www.valdazur.queyras.com
- **Ouverture :** l'été, l'hiver et les longs week-ends
- **Accès :** à la sortie du village sur la gauche
- **Curiosités :** parc naturel régional du Queyras

Sur place St -Véran

Sur place

30 km Mont-Dauphin

Bio

Une vue imprenable pour ce chalet de haute altitude au cœur du parc naturel régional du Queyras. Chambres simples et confortables à la décoration montagnarde. Repas copieux et originaux autour des cuisines du monde préparés avec les produits du jardin. Ambiance et accueil particulièrement chaleureux de Solange et Didier, apiculteurs...

2 suites et 2 chambres avec douche, WC. De 38 à 43 euros en demi-pension (1 pers.).

MOYDANS Hautes-Alpes

Le Mas des Grès

Isabelle et Laurent Hillau
route de Nyons
05150 MOYDANS

800 m

- **Tél.** +33 (0)4 92 66 68 16
- **e-mail :** contact@mas-des-gres.com
- www.mas-des-gres.com
- **Ouverture :** ouvert toute l'année
- **Accès :** après le village, sur la D 994 dir.Gap
- **Curiosités :** village médiéval de Rosans, prieuré du XIème siècle de St-André, montagne du Risou

19 km Serres

15 €

Dans les Baronnies, entre Provence et Dauphiné, une ferme authentique pratiquant l'élevage traditionnel ovin : pastoralisme et transhumance. Chambres spacieuses, gaies et confortables décorées dans l'esprit provençal. Petits déjeuners copieux. Table d'hôtes aux couleurs du sud. Accueil familial et chaleureux. Une adresse agréable et sympathique ! Possibilité de louer un gîte pour 4/5 personnes.

2 suites et 1 chambre avec douche, WC. De 43 à 45 euros (2 pers.). Lit supp. 9 à 13 euros.

Paca

NEVACHE Hautes-Alpes

La Joie de Vivre

Claire Pascallet
Hameau de Sallé
05100 NEVACHE

- **Tél.** +33 (0)4 92 21 30 96
- **Fax.** +33 (0)4 92 20 06 41
- www.la-joie-de-vivre.com
- **Ouverture :** ouvert toute l'année
- **Accès :** première route à droite en entrant dans le village
- **Curiosités :** vallée de la Clarée, les cadrans solaires

1600 m

Serre Chevalier

Sur place

18 km Briançon

18 à 24 €

Une ancienne grange restaurée au cœur de la magnifique vallée de la Clarée. Des chambres douillettes, spacieuses et très confortables où règne le mélèze. Élevage de lamas et cultures de champignons. Fin cordon bleu, Claire cuisine les herbes sauvages et les produits du terroir. Accueil chaleureux par des précurseurs de l'accueil en montagne depuis 28 ans. Une bonne adresse pour découvrir la région "en bonne compagnie" !

1 suite et 5 chambres avec bain, WC. En demi-pension, 75 euros (1 pers.), 60 euros (base 2 pers.), 55 euros (base 3 pers.), 50 euros (base 4 pers.).

La Jarbelle

Christine Joannard
Les Ribes
05200 ORRES (LES)

- **Tél.** +33 (0)4 92 44 11 33
- **Fax.** +33 (0)4 92 44 11 23
- **e-mail :** lajarbelle@wanadoo.fr

- **Ouverture :** ouvert toute l'année
- **Accès :** à 3,5 km des Orres
- **Curiosités :** cathédrale d'Embrun, parc naturel régional du Queyras et parc national des Écrins, lac de Serre-Ponçon, abbaye de Boscodon

1450 m

2 km Les Orres

2 km Les Orres

14 km Embrun

18 €

Dans un hameau sur la route de la station des Orres, une vieille ferme traditionnelle totalement rénovée près d'un petit torrent dans un environnement de nature. Chambres chaleureuses et spacieuses, avec balcon. Petits déjeuners copieux. Table d'hôtes familiale. Accueil convivial. Une bonne adresse pour pratiquer les activités de montagne été comme hiver.

1 suite et 5 chambres avec douche, WC. 50 euros (2 pers.).

PIARRE (LA) Hautes-Alpes

Le Chanelou

Dominique Giraud
La Calade
05700 PIARRE (LA)
- **Tél.** +33 (0)4 92 67 08 35
- **Fax.** +33 (0)4 92 67 08 35
- **e-mail :** contact@lechanelou.com
- www.lechanelou.com

950 m

- **Ouverture :** ouvert toute l'année
- **Accès :** à 800 m au bas du village
- **Curiosités :** Sisteron, distilleries de lavande, gorges de la Méouge, pic de Bure, prieuré de Saint-André-de-Rosans

8 km Serres

16 €

Près du GR 94, le Chanelou domine le petit village de La Piarre. Très beau jardin fleuri. Chambres confortables à la décoration thématique. Petits plats mijotés aux saveurs alpines et provençales servis dans la grande salle voûtée ou sur les terrasses ensoleillées. Piscine avec bain à remous. Accueil charmant et disponible !

5 chambres avec douche, WC. 31 euros (1 pers.), 54 euros (2 pers.), 65 euros (3 pers.), 80 euros (4 pers.).

La Source

Cathy et Walker Luiselli
Chauvet
05600 RISOUL
- **Tél.** +33 (0)4 92 45 37 48
- **Fax.** +33 (0)4 92 45 37 48
- **e-mail :** lasourcerisoul@wanadoo.fr
- www.guillestre.com/lasource/
- **Ouverture :** ouvert toute l'année
- **Accès :** sur la route de la station de Risoul
- **Curiosités :** parc régional du Queyras, parc national des Écrins, citadelle de Mont Dauphin

1000 m

12 km Risoul 1850

12 km Risoul 1850

5 km Mont Dauphin

18 €

Une vue sur la citadelle de Mont Dauphin et sur la chaîne des Écrins pour cette ancienne ferme meublée d'objets anciens. Chambres confortables où le bois domine souvent. Ambiance authentique et chaleureuse. Table d'hôtes autour de la cuisine régionale du terroir. Accueil sympathique de Cathy et Walker, les nouveaux propriétaires de ce havre de paix !

5 chambres avec bain ou douche, WC. 47 euros (1 pers.), 68 euros (2 pers.). Lit supp. 21 euros.

ROSANS Hautes-Alpes

La Conviviance

Famille Thomas de Saint-Jean
Le Béal Noir
05150 ROSANS

- **Tél.** +33 (0)4 92 66 65 42
- **e-mail :** conviviance@libertysurf.fr
- www.laconviviance.com
- **Ouverture :** ouvert toute l'année
- **Accès :** sur la D 994 Nyons-Serres, prendre D 949
- **Curiosités :** le massif du Dévoluy, les Baronnies

700 m

24 km Serres

21 € Bio

Une exploitation agricole en biologie au cœur des Baronnies : pisciculture de truites, maraîchage, volailles. Bâtiments rénovés dans le respect de l'architecture de base et des traditions. Chambres gaies et confortables à la décoration simple aux couleurs de la nature : lavande, abricot, genêt. Dîners sur la terrasse couverte orientée plein sud. Accueil chaleureux. Calme, convivialité et sérénité au programme !

3 chambres avec douche, WC. 42 euros (1 pers.), 48 euros (2 pers.), 60 euros (3 pers.). Lit supp. 18 euros.

SAINT-ANDRE-DE-ROSANS Hautes-Alpes

Ferme de la Condamine

Hélène et Roland Taelman
05150 SAINT-ANDRE-DE-ROSANS
- **Tél.** +33 (0)4 92 66 60 06
- **Fax.** +33 (0)4 92 66 60 06
- **e-mail :** contact@fermedelacondamine.com
- www.fermedelacondamine.com

730 m

- **Ouverture :** de juin à octobre
- **Accès :** dans le village, prendre dir. La Drôme sur 1,5km
- **Curiosités :** prieuré de St-André-de-Rosans, village médiéval de Rosans, vautours fauves à Rémuzat

25 km Serres

17 €

Superbes paysages de bois et collines bordés par la rivière d'Eygues, une ancienne ferme rénovée du XVIIIème siècle. Accès indépendants pour les chambres spacieuses et décorées avec goût. Terrasse privée et salon pour chacune. Petits déjeuners et dîners alléchants. Accueil sympathique. Sur place, une boutique de vente de vêtements en mohair et en soie.

VISA

3 chambres avec douche, WC. 48 euros (1 pers.), 55 euros (2 pers.), 68 euros (3 pers.)

SAINT-BONNET-EN-CHAMPSAUR Hautes-Alpes

La Combe fleurie

Agnès et Donald Clark
Route de Chaillol
05500 SAINT-BONNET-EN-CHAMPSAUR

- **Tél.** +33 (0)4 92 50 53 97
- **Fax.** +33 (0)4 92 50 18 28
- **e-mail :** clark@lacombefleurie.com
- www.lacombefleurie.com
- **Ouverture :** ouvert toute l'année
- **Accès :** à la sortie du village sur la route de Chaillol
- **Curiosités :** parc national des Écrins, lac de Serre-Ponçon, Embrun, abbaye de Boscodon

1050 m

7 km Chaillol / Orcières

7 km Chaillol / Orcières

15 km Gap

12 €

Le murmure d'un ruisseau, et au centre d'une prairie une maison très confortable. Belle terrasse ensoleillée. Chambres douillettes à l'esprit montagnard. Petits déjeuners et repas préparés avec les produits du jardin et du verger ou des fermes environnantes. Accueil sympathique et convivial. Un bel endroit pour se ressourcer au rythme de la course du soleil. Des activités de montagne toute l'année...

6 chambres avec bain, WC, TV. 34 euros (1 pers.), 43 euros (2 pers.), 57 euros (3 pers.), 64 euros (4 pers.).

SAINT-CREPIN Hautes-Alpes

Le Balcon

Michèle et Francis Breuza
Les Eymards
05600 SAINT-CREPIN
• **Tél.** +33 (0)4 92 45 01 36
• www.geocities.com/lebalconstcrepin
• **Ouverture :** du 1er décembre au 15 septembre
• **Accès :** à partir de l'aérodrome,
2 km à droite, suivre panneaux
• **Curiosités :** vallées du Queyras, Vars, Risoul

1000 m

Vars et Risoul

Vars et Risoul

6 km Mont Dauphin - Guillestre

18 € Bio

Dominant les montagnes de Vars et Risoul, le fort de Mont-Dauphin et la vallée de la Durance, une maison aménagée dans l'esprit montagnard. Chambres confortables à la décoration soignée et à l'ambiance cosy. Cuisine régionale authentique et savoureuse à la table d'hôte. Accueil chaleureux et convivial. Une bonne adresse !

3 chambres avec douche, WC. 45 euros (1 pers.), 53 euros (2 pers.), 65 euros (3 pers.). Lit supp. 15 euros.

SAINT-VÈRAN Hautes-Alpes

Chalet Rochebrune

Marie-Odile et Alain Lecomte
Le Raux
05350 SAINT-VÈRAN
- **Tél.** +33 (0)4 92 45 89 43
- **Fax.** +33 (0)4 92 45 89 43
- **e-mail :** chalet.rochebrune@free.fr
- **Ouverture :** ouvert toute l'année
- **Accès :** 1ère maison à gauche au hameau
- **Curiosités :** citadelle de Mont Dauphin, les Demoiselles coiffées, Château Queyras, lac de Serre-Ponçon, Saint-Véran

1920 m

Sur place

Sur place

30 km Guillestre - Mont Dauphin

15 €

Beau chalet traditionnel près du village le plus haut d'Europe. Une seule chambre spacieuse décorée de mobiliers en mélèze massif. Une entrée indépendante ouverte sur le grand jardin arboré et fleuri. Petits déjeuners et table d'hôtes avec les produits du jardin. Accueil chaleureux et très attentionné de Marie-Odile et Alain. Tous les sports de montagne été comme hiver sur place dans un cadre grandiose !

1 chambre avec douche, WC. 35 euros (1 pers.), 43 euros (2 pers.).

BRENOD Ain

Suzanne et Marc Gentelet
En Suirand
01110 BRENOD
• **Tél.** +33 (0)4 74 36 05 53
• **Fax.** +33 (0)4 74 36 05 53

850 m

10 km Plan d'Hotonnes

Sur place

• **Ouverture :** ouvert toute l'année
• **Accès :** venant d'Hauteville, prendre la rue de la Gendarmerie et suivre les panneaux
• **Curiosités :** musée du Bugey à Lochieu, jardin ethno-botanique d'Arrières, route des Cadrans Solaires, cascade de Cerveyrieu

20 km Hauteville 80 km Genève 12 € Bio

Une maison récente près de la nature construite sur les principes de l'habitat bio-climatique. Décoration sobre pour la chambre spacieuse et lumineuse. Petits déjeuners à base de produits bio. Accueil convivial. Adresse destinée à ceux qui recherchent nourriture saine, qualité de vie et la certitude d'occuper seuls la maison.

1 chambre avec douche, WC. 29 euros (1 pers.), 38 euros (2 pers.), 53 euros (3 pers.), 68 euros (4 pers.). Lit supp. 15 euros.

BRENOD Ain

Sylvie et Francis Pejot
Le Bourg
01110 BRENOD
• **Tél.** +33 (0)4 74 36 02 63
• **Fax.** +33 (0)4 74 36 02 63
• **e-mail :** pejot.s@wanadoo.fr
http://perso-wanadoo.fr/sylvie.pejot_brenod

850 m

10 km Plan d'Hotonnes

Sur place

• **Ouverture :** du 06 janvier au 15 décembre
• **Accès :** à côté du bureau de tabac
• **Curiosités :** musée du Bugey à Lochieu, jardin ethno-botanique d'Arrières, route des Cadrans Solaires, cascade de Cerveyrieu

20 km Hauteville 80 km Genève 14 €

Une maison de village avec un jardin fleuri et une terrasse en bois très agréable l'été. Chambres confortables et spacieuses. Décoration avec des meubles anciens et des couleurs pastels sur les murs. Ambiance reposante... Bonne cuisine familiale à la table d'hôtes. Accueil chaleureux et souriant. Une adresse qui se bonifie, d'année en année, comme le bon vin !

1 suite et 4 chambres avec bain ou douche, WC. 29 euros (1 pers.), de 36 à 39 euros (2 pers.), 52 euros (3 pers.), 64 euros (4 pers.). Lit supp. 13 euros.

Le Bellevue

Martine et Pierre Bouvard
Le Bellevue
01130 GIRON
• Tél. +33 (0)4 50 59 89 42
• www.lebellevuegiron.com

1000 m

- **Ouverture :** ouvert toute l'année
- **Accès :** en face de l'église
- **Curiosités :** la Valserine, le Bugey, Genève, le jura

Sur place

20 km Bellegarde 60 km Genève 18 € Bio

Dans le parc naturel régional du Haut-Jura, une bien belle et accueillante maison. Des chambres à la décoration montagnarde raffinée. Une terrasse pour l'apéritif ou les bains de soleil. Et la cuisine de Martine... Des prix raisonnables. Un vrai bonheur au bout du monde... pour les amateurs de nature à la belle saison et de ski de fond en hiver. Une très bonne adresse !

1 suite et 4 chambres avec bain à remous, douche, WC. 48 euros (1 pers.), 56 euros (2 pers.), 90 euros (4 pers). Lit supp. 18 euros.

Rhône-Alpes

SAINT-MARTIN-DE-BAVEL Ain

Au pré de la lune

Jacqueline Sibille
Nécuidaz
01510 SAINT-MARTIN-DE-BAVEL

250 m

- **Tél.** +33 (0)4 79 87 33 66
- **e-mail :** sibille.jacqueline@free.fr
- **Ouverture :** ouvert toute l'année
- **Accès :** dans le hameau en haut à droite
- **Curiosités :** le Bugey, lac du Bourget, chartreuse d'Arvière, marais du Lavours

8 km Culoz TGV 60 km Lyon 18 €

Une maison à l'architecture bugiste totalement réaménagée dans un petit hameau au calme. Grand espace de nature tout autour. Chambres, à l'accès indépendant, confortables à la décoration contemporaine "tendance". Grand living avec cuisine. Petits déjeuners et dîners servis sur la terrasse. Accueil très sympathique de Jacqueline pour cette nouvelle adresse de piémont.

2 chambres avec douche, WC. 45 euros (1 pers.), 52 euros (2 pers.). Lit supp. 15 euros.

VILLES Ain

Vert Pré

Myriam Henrioux
6 rue de la Promenade
01200 VILLES
• **Tél.** +33 (0)4 50 59 97 29
• **Fax.** +33 (0)4 50 59 97 29
• **e-mail :** mhenrioux@free.fr
• http://mhenrioux.free.fr
• **Ouverture :** ouvert toute l'année
• **Accès :** à droite au bout du parking de la Mairie
• **Curiosités :** Annecy, plateau du Retord, barrage de Génissiat, lac de Sylans, la Valserine, le Jura Sud, Genève

600 m

Menthières

10 km Plateau de Retord

5 km Bellegarde TGV 45 km Genève

Une grande maison et son grand parc idéalement situés au pied du Retord pour les skieurs de fond et à quelques minutes de Genève. Des chambres confortables au mobilier ancien avec une belle vue sur le Jura ou la chaîne du Mont-Blanc par beau temps. Décoration thématique : Provence, Belle-Epoque, marine. Petits déjeuners copieux servis sur la terrasse avec du pain et des confitures maison. Accueil chaleureux.

3 chambres avec bain ou douche, WC. 45 euros (1 pers.), 52 euros (2 pers.), 67 euros (3 pers.). Lit supp. 15 euros.

Ferme Souche

Marie-Josée Léonis
La Garde
07660 ISSANLAS
- **Tél.** +33 (0)4 66 46 10 69
- **Fax.** +33 (0)4 66 46 12 26

- **Ouverture :** ouvert toute l'année
- **Accès :** à 2 km de la RN 102 Aubenas-Le Puy, au croisement de Peyrebeilles D16
- **Curiosités :** lac d'Issarlès, mont Gerbier-de-Joncs, château d'Arlempdes, fromage de Coucouron

1180 m

La Croix-de-Bauzon

8 km

17 km Langogne 45 km Le Puy-Loudes 18 €

Cette superbe ferme traditionnelle du plateau ardéchois a été entièrement restaurée à l'ancienne. Des chambres à la décoration raffinée. Chacune a sa couleur et ses parures de lits assortis. Beaux mobiliers anciens. Table d'hôtes avec des spécialités ardéchoises. Accueil sympathique. Un emplacement privilégié entre Aubenas et le Puy-en-Velay. L'hiver, ski de fond et balades en chiens de traîneaux. Une très belle adresse !

5 chambres avec douche, WC. 60 euros (1 ou 2 pers.). Lit supp. 15 euros.

Le Chastagnier

Francis Chazalon
Le Chastagnier
07140 MONTSELGUES

1000 m

- **Tél.** +33 (0)4 75 36 97 00
- **Ouverture :** ouvert toute l'année
- **Accès :** D4 sur 2,7 km
- **Curiosités :** Vallée du Chassezac, église romane de Thines, canyons

St-Laurent-les-Bains 16 €

Domaine des moutons et des landes à genets sur un domaine de 50 ha et un étang de pêche à la truite. Une très vieille demeure des XVIème et XVIIème siècles parfaitement restaurée dans le respect de ses origines : murs de pierre apparentes, poutres, grande cheminée. Chambres spacieuses aux mobiliers rustiques et cévenols. Un lieu calme et préservé où vous croiserez lièvres et chevreuils, sangliers et faisans. Une de nos adresses préférées réservée à ceux qui recherchent solitude et nature sauvage.

4 chambres avec bain, WC. 35 euros (1 pers.), 48 euros (2 pers.). Lit supp. 15 euros.

PAILHARES Ardèche

Chambres d'hôtes du Col du Marchand

Régine et Jacques Andry-Rimmelle
Le Petit Marchand
07410 PAILHARES

- **Tél.** +33 (0)4 75 06 06 80
- **Fax.** +33 (0)4 75 06 13 46
- **e-mail :** jacques.andry@wanadoo.fr
- http://perso.wanadoo.fr/petit.marchand
- **Ouverture :** ouvert toute l'année
- **Accès :** D 532 entre St Félicien et Lalouvesc
- **Curiosités :** Mont Gerbier-de-Jonc, safari parc de Peaugres, petit train du Vivarais, musée de l'Alambic, musée du Papier, musée archéologique de Soyons

900 m

5 km

60 km Valence

18 €

Dans un petit hameau, une ancienne ferme en pierre de granit restaurée avec une vue dominante jusqu'au Vercors et aux montagnes du Diois. Accès indépendant pour les chambres spacieuses et confortables. Petits déjeuners avec les confitures maison et le miel du pays. Table d'hôtes traditionnelle ou inventive autour de spécialités ardéchoises ou alsaciennes. Accueil convivial par des précurseurs de l'accueil et de l'élevage de chevaux de pure race espagnole.

1 suite et 3 chambres avec bain ou douche, WC. 40 euros (1 pers.), 47 euros (2 pers.), 65 euros (3 pers.), 79 euros (4 pers.). Lit supp. 15 euros.

Marcelle et Andreia Goetz
07000 POURCHÈRES

650 m

- **Tél.** +33 (0)4 75 66 81 99
- **Fax.** +33 (0)4 75 66 81 99
- **Ouverture :** de Pâques à fin septembre
- **Accès :** dans le village
- **Curiosités :** Privas, parc naturel régional des Monts d'Ardèche, musée du Bouchet à Pranles

50 km Valence

18 € Bio

Une très vieille maison à l'architecture typique des maisons et villages d'Ardèche méridionale. Joli jardin en terrasses arborées et fleuries. Belle vue sur les collines alentour. Chambres spacieuses et confortables avec un accès direct sur le jardin. Vieilles poutres, pierres apparentes, meubles anciens et tapis orientaux créent une atmosphère propre au ressourcement. Table d'hôtes généreuse et de qualité où dominent les légumes, les herbes aromatiques, souvent mitonnés dans la cheminée et sur la braise. Repas végétariens gourmands sur demande. Accueil familial et charmant !

3 chambres avec douche, WC. 45 euros (1 pers.), 58 euros (2 pers.), 70 euros (3 pers.).

SAINT-MARTIAL Ardèche

La Calmeraie

Nadine et Sébastien Liabeuf
Longeagne – Saint-Andéol de Fourchades
07310 SAINT-MARTIAL
• **Tél.** +33 (0)4 75 29 19 38
• **e-mail :** lacalmeraie@aol.com

• **Ouverture :** ouvert toute l'année
• **Accès :** après le lac de St-Martial, suivre la D 125 et les panneaux Longeagne
• **Curiosités :** lacs de Saint-Martial et d'Issarlès, mont Gerbier-de-Jonc, le Puy-en-Velay

870 m

Les Estables

15 km Lachamp-Raphaël

80 km Valence

16 €

Au cœur du parc naturel régional des Monts d'Ardèche, ambiance rustique et raffinée pour cette ferme du XVIIéme siècle amoureusement restaurée dans les règles de l'art. Un cadre de pleine nature près du Lac de Saint-Martial et face au Mont-Gerbier-de-Jonc. Chambres confortables où le bois et la pierre se marient avec charme aux meubles peints et aux objets anciens. Un assortiment de confitures impressionnant confectionné par Nadine aux petits déjeuners. Produits du terroir à déguster à la table d'hôtes... et balades avec Sébastien. Accueil chaleureux et convivial. Une belle adresse !

5 chambres avec bain ou douche, WC. 45 euros (2 pers.). Lit supp. 15 euros.

ROCHETTE-DU-BUIS (LA) Drôme

La Honas

Cathy et Pascal Ducros
26170 ROCHETTE-DU-BUIS (LA)
- Tél. +33 (0)4 75 28 55 11
- Fax. +33 (0)4 75 28 55 11
- e-mail : lahonas@club-internet.fr

- Ouverture : ouvert toute l'année
- Accès : sur la route de Montbrun
- Curiosités : fête de la lavande, gorges de Toulourenc, festival de jazz

830 m

86 km Avignon 86 km Avignon 20 € Bio

Un domaine de 30 ha de lavande, thym, chênes, tilleuls,... Une ferme du XVIIéme siècle, entièrement restaurée, en pleine nature dans la montagne des Baronnies en Drôme provençale. Piscine. Les chambres sont très agréables, empreintes de sérénité et décorées avec goût. Meubles anciens. Produits du terroir issus de l'agriculture biologique aux petits déjeuners comme à la table d'hôtes. Accueil attentionné et convivial. Une bonne adresse aussi pour l'accueil de stages et séminaires. On s'y sent bien ici !

1 suite et 4 chambres avec douche, WC. 40 euros (1 pers.), de 52 à 62 euros (2 pers.), de 69 à 77 euros (3 pers.), 90 euros (4 pers.).

AUTRANS Isère

Belle-Combe

Laurence et Roland Caillet
Les Gaillards
38880 AUTRANS
- **Tél.** +33 (0)4 76 94 79 84
- **Fax.** +33 (0)4 76 94 79 84
- **e-mail :** belle-combe@net-up.com
- www.belle-combe.com
- **Ouverture :** ouvert toute l'année
- **Accès :** à 300 m du village en direction de Méaudre
- **Curiosités :** grottes de Choranche, cirque de Combe-Laval, musée des automates, route des Grands Goulets

1050 m

Sur place

Sur place

30 km Grenoble 30 km Grenoble 17 € Bio

Une ancienne ferme de caractère rénovée au cœur du parc naturel régional du Vercors. Jardin d'agrément. Chambres, dont une familiale, à l'ambiance et la décoration montagnarde particulièrement réussies. Table d'hôtes gourmande orchestrée par Roland, cuisinier de métier. Dégustation de spécialités régionales et de produits fermiers. Accueil aimable. Une bonne adresse pour pratiquer le ski de fond.

VISA

5 chambres avec douche, WC. 37 euros (1 pers.), 49 euros (2 pers.), 69 euros (3 pers.), 89 euros (4 pers.). Lit supp. 20 euros.

AUTRANS Isère

:ntre Chiens et Loups

lorence et Bernard Dumoulin
:8880 AUTRANS
Tél. +33 (0)4 76 95 36 64
Fax. +33 (0)4 76 95 36 64
www.entrechiensetloups.fr.st

1070 m

Sur place

Sur place

Ouverture : ouvert toute l'année
Accès : à 1 km du village
Curiosités : parc naturel régional du parc du Vercors, gorges de la Bourne, grotte de Choranche

30 km Grenoble — 30 km Grenoble-St-Geoirs — 16 €

En lisière de forêt et une très belle vue sur la montagne. Très belles :hambres à la décoration personnalisée et aux noms évocateurs : au ɔord de l'eau, la romantique, l'orée du bois, la nordique. Chaleur et :onfort des maisons en bois. Petits déjeuners savoureux : confitures maison, brioches cuites dans le four à pain de la maison, ... Bernard, musher professionnel et guide de pêche, vous initiera à la conduite d'attelage de chiens de traîneau ou vous conduira au bord des rivières du Vercors. Convivialité au rendez-vous !

4 chambres avec douche, WC. 41 euros (1 pers.), 51 euros (2 pers.), 73 euros (3 pers.), 91 euros (4 pers.). Lit supp. 18 euros.

BOURG D'OISANS (LE) Isère

Chalet La Source

Marie-Laure Konicki
avenue Aristide Briand
38520 BOURG D'OISANS (LE)

- **Tél.** +33 (0)4 76 79 16 08
- **e-mail :** konicki@wanadoo.fr
- www.oisans38.com

- **Ouverture :** ouvert toute l'année
- **Accès :** dir. les stations, puis à 200 m à droite après la station essence
- **Curiosités :** l'Oisans, l'Alpe d'Huez, les Deux-Alpes, la Grave, Vaujany, les Balcons de la Meije

720 m

14 km L'Alpe d'Huez

14 km L'Alpe d'Huez

50 km Grenoble   80 km Grenoble-St-Geoirs

Joli chalet moderne avec une vue magnifique sur les montagnes environnantes. Grand parc arboré et fleuri très calme. Chambres confortables pour de longs séjours. Petits déjeuners gourmands et équilibrés servis sur la terrasse à la belle saison. Situation au pied des grandes stations de ski de l'Oisans. Accueil chaleureux et soucieux de faire découvrir les richesses de l'Oisans.

2 suites et 1 chambre avec douche, WC, TV. De 58 à 78 euros (2 pers.). Lit supp. 8 euros.

Rhône-Alpes

CHATEAU-BERNARD Isère

Le Caïrn

Lydie Schuler
Morinaire
38650 CHATEAU-BERNARD

950 m

- **Tél.** +33 (0)4 76 34 13 58
- **Ouverture :** ouvert toute l'année
- **Accès :** au lieu-dit
- **Curiosités :** le Triève, le parc naturel régional du Vercors, lac du Monteynard

4 km

4 km

12 km Monestier 45 km Grenoble-St-Geoirs 15 € Bio

Au pied du Vercors-Trièves et en lisière de forêt, une maison dauphinoise particulièrement bien tenue. Chambres indépendantes agréables et confortables. Spécialités du Vercors à la table d'hôtes. Vue superbe sur le village et les falaises du Vercors. Accueil très convivial. Notre adresse préférée dans cette région !

P

1 suite ct 1 chambre avec douche, WC. 37 euros (1 pers.), 46 euros (2 pers.), 58 euros (3 pers.), 71 euros (4 pers.). Lit supp. 13 euros.

LANS-EN-VERCORS Isère

La Petite Ferme des Prés Verts

Danielle et Bruno Eymaron
351 chemin de Prenay
38250 LANS-EN-VERCORS

- **Tél.** +33 (0)4 76 95 40 60
- **Fax.** +33 (0)4 76 95 46 69
- www.planete-vercors.com/ferme-des-pres-verts/
- **Ouverture :** ouvert toute l'année
- **Accès :** D 106 entre Lans et St Nizier, suivre panneaux
- **Curiosités :** parc naturel régional du Vercors, musée des Automates, fête de l'Air (juillet)

1020 m

4 km

4 km

25 km Grenoble   70 km Grenoble-St-Geoirs

Une grande ferme rénovée et fleuri de géraniums typique du plateau du Vercors. Et rare en montagne : une piscine chauffée l'été ! Chambres coquettes et claires de 2 à 6 personnes. Cuisine familiale et régionale à la table de l'auberge mijotée par Danielle. Accueil chaleureux et convivial. Une adresse accueillante et sympathique dans le Vercors... et le bonheur des petits comme des grands, pour des courts ou longs séjours.

7 chambres avec douche, WC. En demi-pension, 59 euros (1 pers.), 78 euros (2 pers.). Pers. supp. 36 euros.

Château de Bardonenche

Cécile et Thierry Schoebel
38650 MONESTIER-DE-CLERMONT
- **Tél.** +33 (0)4 76 34 03 92
- **e-mail :** chateau@bardonenche.com
- www.bardonenche.com
- **Ouverture :** ouvert toute l'année
- **Accès :** en face de la pharmacie, au fond de la place de l'église
- **Curiosités :** parc naturel régional du Vercors, le Trièves, lac du Monteynard, Terre Vivante à Mens

850 m

10 km Gresse

10 km Gresse

Monestier 60 km Grenoble-St Geoirs 18 €

Pendant longtemps, le château fut le centre de l'animation de la vie politique et économique du Vicomté du Trièves. Construit en 1590, par la famille de Clermont-Tonnerre, il a été acquis par la famille de Bardonenche en 1679, et remanié au XVIII°siècle. On accède aux chambres par un bel escalier en pierre orné d'un remarquable balustre en fer forgé. Chambres confortables à la décoration raffinée faite de boiseries, de peintures, de cheminées sculptées et de plafonds à la française datant du XVIème et XVIIème siècle. Petits-déjeuners copieux avec confitures et brioches maison. Plats et produits du terroir à la table d'hôtes servis dans un des salons, au coin du feu. Accueil sympathique.

3 suites et 2 chambres avec bain ou douche, WC. De 43 à 50 euros (1 pers.), de 49 à 56 euros (2 pers.), de 65 à 72 euros (3 pers.), de 81 à 88 euros (4 pers.). Lit supp. 16 euros adultes et 10 euros enfants.

MURE (LA) Isère

La Voûte de Séraphin

Fabienne et Marcel Bard
Serbouvet - Nantes-en-Ratier
38350 MURE (LA)

- **Tél.** +33 (0)4 76 81 21 46
- **Fax.** +33 (0)4 76 81 21 46
- **e-mail :** marcel-et-fabienne.bard@wanadoo.fr
- http://lavoute38.free.fr
- **Ouverture :** ouvert toute l'année
- **Accès :** à 3 km de la RN 85 dir. Nantes-en-Ratier
- **Curiosités :** plateau de la Matheyzine, petit train de La Mure, pélerinage de La Salette

940 m

Alpes-du-Grand-Serre

Alpes-du-Grand-Serre

36 km Grenoble

15 €

Au cœur du plateau Matheyzin, une ancienne étable de 1822 petit à petit réaménagée, noyée dans la verdure. Chambres claires, spacieuses et confortables à la décoration sobre. Produits du jardin et de la ferme voisine autour des spécialités du terroir pour la table d'hôtes. Accueil simple et amical. Séjours à thème pour "Découvrir Montaigne".

3 chambres avec douche, WC. 38 euros (1 pers.), 46 euros (2 pers.), 60 euros (3 pers.), 74 euros (4 pers.). Lit supp. 14 euros.

SAINT-MARTIN-DE-LA-CLUZE Isère

Château de Pâquier

Hélène et Jacques Rossi
38650 SAINT-MARTIN-DE-LA-CLUZE
- **Tél.** +33 (0)4 76 72 77 33
- **Fax.** +33 (0)4 76 72 77 33
- **e-mail :** hrossi@club-internet.fr
- http://chateau.de.paquier.free.fr
- **Ouverture :** ouvert toute l'année
- **Accès :** à 3 km de la RN 75 ou de l'A 51 Grenoble-Sisteron
- **Curiosités :** château de Vizille, petit train de la Mure, le parc naturel régional du Vercors et le Triève, lac du Monteynard

650 m

Gresse-en-Vercors

Gresse-en-Vercors

10 km Monestier 70 km Grenoble 20 € Bio

Une demeure Renaissance du XVIème siècle à la rénovation très réussie. Du parc, vue splendide sur les vallées et les montagnes environnantes. Accès par un escalier à vis aux chambres confortables, décorées d'un joli choix de tissus et de meubles anciens. Cheminée en état de marche dans certaines ! Demander celle aménagée dans l'ancienne chapelle. Table d'hôtes avec les produits de la basse-cour et du jardin. Accueil délicieux par Jacques et Hélène.

VISA P

1 suite et 4 chambres avec bain, douche, WC. 50 euros (1 pers.), 60 euros (2 pers.). Lit supp. 17 euros.

SAINT-NIZIER-DU-MOUCHEROTTE Isère

La Vallonnière

Nicole Ponce
place du 4 avril 1929
38250 SAINT-NIZIER-DU-MOUCHEROTTE

- **Tél.** +33 (0)4 76 53 41 25
- **Ouverture :** ouvert toute l'année
- **Accès :** sur la place du village
- **Curiosités :** parc naturel régional du Vercors, Grenoble

1170 m

Sur place

Sur place

18 km Grenoble 18 km Grenoble-St-Geoirs

Aux portes du parc naturel régional du Vercors, la Vallonnière offre une très belle vue sur les sommets environnants : les Trois Pucelles et la Moucherotte. Décoration moderne dans les chambres. Jardin très agréable. Accueil attentif de Nicole qui aura à cœur de vous faire découvrir l'histoire imagée de son village. Une vraie spécialiste ! Une adresse à prix doux.

2 chambres avec bain et douche commun, WC. 40 euros (2 pers.).

Au Bout du Chemin

Michèle et Jean-Louis Chemin
Cotte Fournier
38220 SECHILIENNE
• **Tél.** +33 (0)4 76 72 15 06
• **Fax.** +33 (0)4 76 72 19 26
• **e-mail :** cheminj@wanadoo.fr
• **Ouverture :** ouvert toute l'année
• **Accès :** à 3 km de Séchilienne
• **Curiosités :** petit train de La Mure, musée de la Révolution, château de Vizille

600 m

15 km Chamrousse

15 km Chamrousse

25 km Grenoble 50 km Grenoble-Saint-Geoirs

A deux pas des stations de Chamrousse et de l'Alpe-du-Grand-Serre, une maison vieille de plus de 300 ans totalement rénovée par les propriétaires... jusqu'à la menuiserie des meubles. Chambres simples décorées par Michèle, avec tout le confort moderne. Terrasse privée ou balcons. De la salle-à-manger, très belle vue plongeante sur la vallée. Petits déjeuners copieux avec confitures, brioches et gâteaux maison. Accueil très sympathique. Une maison idéale pour les courts ou longs séjours.

3 chambres avec douche, WC. 39 euros (1 pers.), 47 euros (2 pers.), 61 euros (3 pers.), 75 euros (4 pers.). Lit supp. 14 euros.

VAUJANY Isère

Solneige

Mirjam et Jan Dekker-de-Wilde
Pourchery
38114 VAUJANY

- **Tél.** +33 (0)4 76 79 88 18
- **Fax.** +33 (0)4 50 93 87 68
- **e-mail :** solneige@planet.nl
- www.solneige.com

- **Ouverture :** ouvert toute l'année
- **Accès :** 1ère maison à droite
  après le panneau Pourchery
- **Curiosités :** l'Oisans, la Meije, l'Alpe d'Huez

1000 m

Sur place

Sur place

50 km Grenoble 70 km Grenoble-St-Geoirs 22,50 €

Près du village de Vaujany, point de départ idéal pour le ski ou la randonnée. Un chalet de 1891 restauré avec passion. Jardin plein de charme. Les chambres sont charmantes, très confortables et décorées avec goût. Balcons avec une vue exceptionnelle sur la vallée. Pour se détendre, un jacuzzi dans le jardin. Cuisine du monde, française et italienne à la table d'hôtes. Accueil sympathique et chaleureux de Mirjam et Jan. Une belle adresse en Oisans !

5 chambres avec douche, WC. 49 euros (1 pers.), 59 euros (2 pers.), 79 euros (3 pers.).

VENOSC Isère

:halet Michelle

ichelle et Bryan Noble
a Ville
8520 VENOSC
Tél. +33 (0)4 76 11 07 29
e-mail : noblesolutions@compuserve.com
www.chalet-michelle.com

1050 m

Sur place
Les Deux-Alpes

Sur place
Les Deux-Alpes

Ouverture : de juin à mi-septembre
et de Noël à mi-avril

Accès : au lieu-dit La Ville

Curiosités : l'Alpes d'Huez, les Deux-Alpes, l'Oisans

12 km Bourg d'Oisans 90 km Grenoble-St-Geoirs 10 à 17 €

:halet situé dans un hameau très tranquille à l'orée du parc ational des Écrins. En accès direct sur le jardin, chambres onfortables et ensoleillées, avec vue sur le glacier de Muzelle et la 'allée du Vénéon. À goûter : les légendaires gâteaux et pudding de Aichelle. En hiver, possibilité de séjours ski. Convivialité et gaieté our ce havre de tranquillité à 6 minutes par télécabine des Deux-Alpes !

3 chambres avec douche, WC. 40 euros (1 pers.), 60 euros (2 pers.), 90 euros (3 pers.), 110 euros (4 pers.). Lit supp. 20 euros.

Le Val Sainte-Marie

Agnès et Dominique Bon
Bois Barbu
38250 VILLARD-DE-LANS

- **Tél.** +33 (0)4 76 95 92 80
- **Fax.** +33 (0)4 76 95 92 80
- **e-mail :** levalsaintemarie@aol.com
- **Ouverture :** ouvert toute l'année
- **Accès :** quelques mètres après La Glisse, à gauche
- **Curiosités :** parc naturel régional du Vercors, Autrans, grottes de Choranche et gorges de la Bourne

1150 m

5 km Villard-de-Lans

Sur place

35 km Grenoble-St-Geoirs 40 km Grenoble 17 €

Une ferme d'alpage, typique du Vercors, vieille de plus de 200 an[s] patiemment rénovée par Agnès et Dominique. Entrée indépendant[e] pour les chambres confortables, aux noms de fleurs, situées dan[s] l'ancien grenier à foin. Décoration aux tons chauds des murs et d[u] bois lustré. Et le soir venu, la cuisine d'Agnès à savourer autour d[e] spécialités familiales et à base de légumes frais du jardin. Accuei[l] chaleureux alliant simplicité et générosité. Une belle adresse dans l[e] Vercors !

3 chambres avec douche, WC. 44 euros (1 pers.), 50 euros (2 pers.), 66 euros (3 pers.), 79 euros (4 pers.). Possibilité 1/2 pension.

a Jasse

dile et Michel Imbaud
22 rue du lycée Polonais
8250 VILLARD-DE-LANS
Tél. +33 (0)4 76 95 91 63
e-mail : imbaud.lajasse@wanadoo.fr
www.imbaud-lajasse.com

1050 m

4 km

4 km

Ouverture : ouvert toute l'année

Accès : sur la place du village, tourner à droite et faire 200 m

Curiosités : parc naturel régional du Vercors, grottes de Choranche, sites de la Résistance, musée des Automates

35 km Grenoble — 60 km Grenoble-Saint-Geoirs

ıu centre de Villard-de-Lans, une maison à l'allure contemporaine ıvec une belle vue sur la forêt. Terrasse et petit jardin. Chambres onfortables et douillettes : enduits rustiques, chaleur du bois des oiseries aux tons de miel, pierres sèches, meubles artisanaux, four à ain,... Petits déjeuners copieux. Accueil chaleureux par deux assionnés et professionnels de la montagne. Séjours à thème sur ıne semaine : randonnées nordiques hors pistes sur l'ensemble du 'ercors et sa réserve naturelle.

1 suite et 2 chambres avec douche, WC. 42 euros (1 pers.), 48 euros (2 pers.), 63 euros (3 pers.).

Château des Marcilly-Talaru

Isabelle Suguenot
Le bourg
42920 CHALMAZEL
- **Tél.** +33 (0)4 77 24 88 09
- **Fax.** +33 (0)4 77 24 87 07
- **e-mail :** chalmazel.chateau@wanadoo.fr
- www.chateaudechalmazel.com
- **Ouverture :** sauf novembre
- **Accès :** sur la place du village à 4 km des pistes
- **Curiosités :** château de la Bastie d'Urfé, Côte du Forez, Les Hautes Chaumes, les lieux de fabrication de la Fourme de Montbrison

900 m

4 km

4 km

20 km Boën-sur-Lignon 60 km St-Etienne 26 €

Dans les "Montagnes du soir", au cœur des Monts du Forez, un étonnar château féodal de 1231 récemment et parfaitement restauré. Petite cou intérieure avec galeries renaissances et remarquable petite chapelle. Chambre lumineuses, spacieuses, décorées avec charme à l'image du château avec d mobilier ancien, souvent d'époque. Petits déjeuners copieux et sa goûteus confiture de pissenlit. Table d'hôtes à base de produits du jardin autour de l cuisine médiévale. Accueil sympathique par des passionnés de "vieilles pierres À noter aussi la visite passionnante faite par Quentin, le jeune fils de l "maison". Une adresse unique et notre préférée dans cette région !

1 suite et 4 chambres avec bain ou douche, WC. 84 euros (1 pers.) de 98 à 134 euros (2 pers.), de 123 à 134 euros (3 pers.), 159 euros (4 pers.). Lit supp. 25 euros.

MAROLS Loire

L'Écusson

Josiane Frachey
Le Bourg
42560 MAROLS

820 m

- **Tél.** +33 (0)4 77 56 70 38
- **Ouverture :** de fin mai à fin septembre
- **Accès :** à l'entrée du village
- **Curiosités :** château de la Bastie d'Urfé, route de la Fourme de Montbrison, les Hautes Chaumes

19 km Montbrison 30 km St-Etienne-Bouthéon 15 €

Une maison de caractère rénovée avec goût dans un village médiéval. Des chambres confortables, aux jolis meubles anciens, allient avec bonheur charme du passé et confort moderne. Four de boulanger remis en état pour les besoins de la cuisine. Accueil simple et courtois. Dès le seuil franchi, on se sent bien dans cette maison !

4 chambres avec douche, WC. 37 euros (1 pers.), 49 euros (2 pers.), 65 euros (3 pers.), 81 euros (4 pers.).

Rhône-Alpes

SAINT-GENEST-MALIFAUX Loire

Chambres d'hôtes des Hauts Plateaux

Geneviève Tardy
La Blache
42660 SAINT-GENEST-MALIFAUX
- **Tél.** +33 (0)4 77 39 06 04
- **Fax.** +33 (0)4 77 39 00 77
- **e-mail :** robert.tardy@wanadoo.fr
- **Ouverture :** ouvert toute l'année
- **Accès :** sur la D 37 à 2 km du village et de la RN 82
- **Curiosités :** parc naturel régional du Pilat, Saint-Etienne, musée d'art moderne

1000 m

3 km

15 km St-Etienne 30 km St-Etienne-Bouthéon 15 €

Dans le parc naturel régional du Pilat, une ancienne ferme en pierre totalement restaurée à l'architecture typique des hauts plateaux. Chambres en duplex confortables à la décoration contemporaine. Chacune dispose d'une terrasse avec une vue panoramique sur les montagnes environnantes. Table d'hôtes sur réservation. Accueil chaleureux et sympathique de Geneviève et Robert. Une bonne adresse à 10 km de Saint-Etienne !

1 suite et 1 chambre avec douche, WC, TV. 40 euros (1 pers.), 50 euros (2 pers.), 65 euros (3 pers.), 80 euros (4 pers.). Lit supp. 15 euros.

SAINT-JULIEN-MOLIN-MOLETTE Loire

astel Guéret

aniel Coulaud
2220 SAINT-JULIEN-MOLIN-MOLETTE
Tél. +33 (0)4 77 51 56 04
Fax. +33 (0)4 77 51 59 13
e-mail : contact@domaine-castelgueret.com
www.domaine-castelgueret.com

585 m

13 km Le Pilat

13 km Le Pilat

Ouverture : ouvert toute l'année
Accès : dans le village, suivre la direction Le Bessat
Curiosités : safari-parc de Peaugres,
parc naturel régional du Pilat

30 km St-Etienne 80 km Lyon 25 €

u cœur du parc naturel régional du Pilat, le château du XIXème ècle de Castel Guéret offre un cadre enchanteur. Chambres très onfortables, meublées à l'ancienne : ciels de lit et baldaquins. iscine dans le parc. Billard. Petits déjeuners et table d'hôtes savou- ›ux. Adresse recommandée aussi pour la découverte des vignobles à roximité. Accueil convivial et soucieux du bien-être des hôtes. otre meilleure adresse dans le Pilat pour un repos et une détente ssurée.

 suites et 3 chambres avec bain ou douche, WC. 54 euros (1 pers.), le 69 à 77 euros (2 pers.), de 92 à 125 euros (3 pers.), 125 euros 4 pers.). Lit supp. 23 euros.

SAINT-JULIEN-MOLIN-MOLETTE Loire

La Rivoire

Denise Thiollière
42220 SAINT-JULIEN-MOLIN-MOLETTE
- **Tél.** +33 (0)4 77 39 65 44
- **Fax.** +33 (0)4 77 39 67 86
- **e-mail :** info@larivoire.net
- www.larivoire.net
- **Ouverture :** ouvert toute l'année
- **Accès :** à 500 m de la RN 82 entre Bourg-Argental et St-Marcel-les-Annonay
- **Curiosités :** le parc naturel régional du Pilat, les vins des Côtes Rotie

500 m

10 km Le Pilat

10 km Le Pilat

35 km St-Etienne 45 km St-Etienne-Bouthéon 18 €

Magnifique et imposante demeure sur le versant méridional du par naturel régional du Pilat. Très belle vue pour les chambres sur l vallée de la Drôme et les collines boisées de l'Ardèche. Décoration l'image de la maison. Petits déjeuners et dîners sur la grand terrasse. Table d'hôtes avec les produits du potager et des ferme environnantes. Accueil simple et convivial. Un agréable point d chute pour randonner dans la région.

5 chambres avec douche, WC, Tél. 45 euros (1 pers.), 55 euros (2 pers.) 70 euros (3 pers.). Lit supp. 15 euros.

SAINT-MARCEL-D'URFE Loire

"Il fut un temps..."

Anne-Marie Hauck-Perbet
Les Gouttes
42430 SAINT-MARCEL-D'URFE

- **Tél.** +33 (0)4 77 62 52 19
- **e-mail :** ilfutuntemps@wanadoo.fr
- www.ilfutuntemps.com

- **Ouverture :** ouvert toute l'année
- **Accès :** entre St-Martin-la-Sauveté et St-Marcel-d'Urfé
- **Curiosités :** le château d'Urfé, la Bastie d'Urfé, château de la Roche, les monts du Forez

710 m

Chalmazel

Chalmazel

30 km Roanne 70 km St-Etienne 23 €

Soufflez, respirez... dans ce lieu privilégié où la nature est encore préservée ! Une maison traditionnelle en pierre de 1898 adossée à une autre maison typique forézienne du XVIIIème siècle, le tout parfaitement restauré dans le respect de la tradition. Les chambres : confort haut de gamme, meubles anciens et décor de charme. Table d'hôtes des spécialités du Forez aux recettes plus contemporaines. L'accueil n'y est pas une légende... mais une histoire ??? Possibilité de séjours à thème : bien-être, anglais, cuisine, cyclo-tourisme, etc.

2 suites et 3 chambres avec douche, WC. 46 euros (1 pers.), 54 euros (2 pers.), 87 euros (3 pers.), 95 euros (4 pers.).

Le Soleillant

Marcelle et Camille Rival
42600 VERRIERES-EN-FOREZ
- Tél. +33 (0)4 77 76 22 73
- e-mail : camille.rival@wanadoo.fr
- www.le-soleillant.com

- **Ouverture :** ouvert toute l'année
- **Accès :** suivre les panneaux
- **Curiosités :** les Monts du Forez, la station de Chalmazel, Parc de la Drosera, la Fourme de Montbrison

830 m

10 km Verrières

Sur place

10 km Montbrison — 30 km St-Etienne — 13 € — Bio

Aux portes de l'Auvergne, dans les Monts du Forez , une ferme d'élevage de vaches Salers. Belle vue sur les monts avoisinants et le village de Verrières. Chambres simples mais confortables avec accès indépendants. Table d'hôtes avec des produits fermiers et les fruits et légumes du jardin. Accueil convivial et authentique. Un petit musée paysan et un petit camping sur place. Calme et repos assurés !

3 chambres avec douche, WC. 31 euros (1 pers.), 40 euros (2 pers.), 55 euros (3 pers.).

AIGUEBLANCHE Savoie

Le Manoir de Bellecombe

Henri Charlin
25 route de Saint-Oyen
73260 AIGUEBLANCHE
• **Tél.** +33 (0)4 79 24 31 95
• **Fax.** +33 (0)4 79 24 31 95
• **e-mail :** henri@manoir-de-bellecombe.com
• www.manoir-de-bellecombe.com

500 m

11 km Valmorel

11 km Valmorel

• **Ouverture :** ouvert toute l'année
• **Accès :** direction Saint-Oyen, à gauche après le pont
• **Curiosités :** la Tarentaise, les églises baroques, coopérative du Beaufort à Moûtiers, les stations de Valmorel et Doucy-Combelouvière

5 km Moûtiers 70 km Chambéry 16,50 €

Un manoir du XVIIème siècle aux portes de la Tarentaise, dominant la vallée de l'Isère. Chambres claires et spacieuses à la décoration moderne et sobre. Salle à manger de caractère. Cuisine équilibrée et savoureuse utilisant les produits du terroir, les herbes de la montagne et les légumes du jardin. Accueil familial et convivial. Une bonne adresse en famille ou entre groupe d'amis, à deux pas d'une des plus belles stations des Alpes : Valmorel.

1 suite et 5 chambres avec bain, WC. 32 euros (1 pers.), de 49 à 54 euros (2 pers.), de 66 à 76 euros (3 pers.), de 83 à 93 euros (4 pers.).

La Grangerie

Valérie et Pascal Conceillon
Les Ginets
73340 AILLON-LE-JEUNE

1100 m

- **Tél.** +33 (0)4 79 54 64 71
- **e-mail :** grangerie@libertysurf.fr
- www.lagrangerie.com
- **Ouverture :** ouvert toute l'année
- **Accès :** dans le hameau
- **Curiosités :** sentier des orchidées, fromagerie du Val d'Aillon, couvent des Chartreux

Sur place

10 km

30 km Chambéry

15 €

Une ancienne ferme savoyarde entièrement rénovée au cœur du massif des Bauges et en position dominante sur la station pour profiter des derniers rayons du soleil. Accès indépendant pour les chambres confortables à la décoration d'inspiration montagnarde. Pour l'ambiance : beaucoup de bois partout et des couleurs pastels... Table d'hôtes avec des spécialités régionales. Accueil très sympathique, jeune et décontracté. Une bonne adresse pour un séjour estival ou hivernal.

4 chambres avec douche, WC. 40 euros (1 pers.), 42 euros (2 pers.), 55 euros (3 pers.), 68 euros (4 pers.).

AIME Savoie

Ancienne École de Montvilliers

Yves Bonneaud
hameau de Montvilliers
73210 AIME
• Tél. + 33 (0)4 79 09 75 43
• Fax. + 33 (0)4 79 09 75 43
• e-mail : yves@gite-de-montvilliers.com
• www.gite-de-montvilliers.com

• Ouverture : ouvert toute l'année
• Accès : dans le hameau
• Curiosités : la Tarentaise et ses églises baroques, le Beaufort, parc national de la Vanoise

1150 m

4 km La Plagne

4 km La Plagne

6 km Aime-la-Plagne

17 €

À proximité d'un des plus grands domaines skiables des Alpes et d'une des plus prestigieuses rivières d'Europe - l'Isère - une ancienne ferme et une ancienne école située aux abords d'un hameau de montagne surplombant la vallée. Du verger, une vue splendide sur les montagnes environnantes. Chambres confortables et spacieuses. Décoration montagnarde et de bon goût. Petits déjeuners copieux pour se mettre en forme. Cuisine traditionnelle et originale à la table d'hôtes. Accueil chaleureux et convivial. Un cadre idéal pour se retrouver entre amis ou en famille !

VISA

6 chambres avec douche, WC. De 45 à 50 euros (1 pers.), de 50 à 55 euros (2 pers.), de 60 à 65 euros (3 pers.). Lit supp. 10 euros. Tarif demi-pension en hiver uniquement.

La Grange

Nathalie et Bruno Munari
352 rue Saint-Thomas
73500 AVRIEUX

- **Tél.** + 33 (0)4 79 20 37 09
- **Fax.** + 33 (0)4 79 20 37 09
- **e-mail :** lagrange.nat@free.fr
- www.la-norma.com
- **Ouverture :** ouvert toute l'année
- **Accès :** dans le village
- **Curiosités :** parc national de la Vanoise, les forts de l'Esseillon, les stations de La Norma, Aussois et Valfréjus, l'Italie

1350 m

15 km La Norma

Bessans

6 km Modane

Dans un petit village, une ancienne grange de 1829 totalement rénovée avec des matériaux traditionnels. Chaque chambre est baptisée du nom d'une fleur de montagne. Décoration gaie et colorée. Ambiance confortable et douillette. Petits déjeuners copieux, servis dans une belle vaisselle montagnarde, à base de confitures et pains maison, miel du village d'Aussois et fromages du pays. Accueil sympathique et soucieux du bien-être des hôtes.

1 suite et 4 chambres avec bain ou douche, WC. 38 euros (1 pers.), 48 euros (2 pers.), 62 euros (3 pers.), 76 euros (4 pers.).

Rhône-Alpes

BOURG-SAINT-MAURICE Savoie

Guy Joly
Les Chapelles - Picolard
73700 BOURG-SAINT-MAURICE
• **Tél.** +33 (0)4 79 07 57 13
• **Fax.** +33 (0)4 79 07 57 13

• **Ouverture :** ouvert toute l'année
• **Accès :** au lieu-dit
• **Curiosités :** la Tarentaise et ses chapelles et ses églises baroques

1250 m

7 km Peisey
Les Arcs/La Plagne

2 km

7 km Bourg-St Maurice

18 €

Dans un authentique village de Tarentaise, au soleil, face aux stations des Arcs et de La Plagne, une ferme savoyarde de 1766 rénovée avec des matériaux anciens. Jardin en espalier très fleuri aménagé pour le repos ou les repas. Très belles chambres décorées avec goût. Cuisine savoyarde. Accueil chaleureux. Une rare et belle adresse dans ce coin de montagne ! Un gîte pour 12 personnes est proposé aussi pour les groupes.

2 chambres avec douche, WC, TV. De 38 à 42 euros (1 pers.), de 50 à 55 euros (2 pers.), de 62 à 68 euros (3 pers.), de 74 à 82 euros (4 pers.).

Chalet Lavis Trafford

Florence et François Grolée (de)
Le Planay
73500 BRAMANS
- **Tél.** +33 (0)4 79 05 06 83
- **Fax.** +33 (0)4 79 05 08 82
- **e-mail :** info@chalet-lavis-trafford.com
- www.chalet-lavis-trafford.com
- **Ouverture :** ouvert toute l'année
- **Accès :** sortie A 43 Modane, N6 pour Bramans, puis D 100
- **Curiosités :** chapelle du XIIéme siècle, églises baroques, cols de l'Iseran, du Mont-Cenis et du Galibier

1650 m

Termignon, La Norma

Sur place

19 km Modane

17 € Bio

Aux portes du parc national de la Vanoise, en bordure d'un torrent aux eaux pures dans un cadre majestueux de falaises dolomitiques et au milieu d'une forêt de mélèzes. Un chalet isolé, non accessible en voiture l'hiver, mais navette à traîneau à cheval prévue. Chambres douillettes et confortables à la décoration dans l'esprit montagnard. Petits déjeuners et table d'hôtes autour des herbes des Alpes. Accueil sympathique. François propose des balades à pied l'été et en raquettes l'hiver. Une de nos adresses préférées pour les vrais amoureux de la montagne !

5 chambres avec bain ou douche, WC communs pour certaines. En demi-pension, 55 euros (1 pers.), 110 euros (2 pers.), 165 euros (3 pers.), 220 euros (4 pers.).

CÔTE D'AIME (LA) Savoie

Maison d'hôtes

Sabine et Didier Délu
chemin de l'Epine - La Grande Bergerie
73210 COTE D'AIME (LA)
• **Tél.** +33 (0)4 79 55 59 67
• **Fax.** +33 (0)4 79 55 73 21
• **e-mail :** didier.delu@wanadoo.fr
• www.didier-delu.com
• **Ouverture :** ouvert toute l'année
• **Curiosités :** le village de Montméry, les églises des chemins du baroque, les stations de ski des Trois Vallées, la Plagne, les Arcs

1100 m

10 km La Plagne

3 km

3 km Aime 100 km Chambéry 20 € Bio

Dans un des hameaux les plus hauts de la Côte d'Aime sur un versant très ensoleillé, une maison traditionnelle de montagne récemment restaurée. Chambres confortables avec une belle vue sur la vallée. Ambiance chaleureuse : parquet, lambris, meubles anciens et tissus de laine de la célèbre filature Arpin de Seez en Tarentaise. Petits déjeuners copieux avec les confitures maison des fruits du jardin ou de la montagne. Bons petits plats et bouteilles choisies à la table d'hôtes. Accueil sympathique et professionnel pour découvrir la montagne dans toutes ses dimensions : patrimoine, artisanat traditionnel, activités sportives,...

1 suite et 3 chambres avec bain, douche, WC. 60 euros (1 ou 2 pers.). Lit supp. 20 euros.

CÔTE D'AIME (LA) Savoie

Les Carlines

Marguerite et Antoine Foessel
Pré Bérard
73210 COTE D'AIME (LA)
- **Tél.** +33 (0)4 79 55 52 07
- **Fax.** +33 (0)4 79 55 52 07
- **e-mail :** carlines@free.fr
- http://carlines.free.fr
- **Ouverture :** ouvert toute l'année
- **Accès :** lisière de Pré Bérard en remontant la RD 86
- **Curiosités :** basilique et tour fortifiée à Aime, La Plagne, les Arcs, les églises des chemins du Baroque

1050 m

La Plagne

La Plagne

2 km Aime

16 €

Un chalet contemporain avec une belle vue de la terrasse sur la vallée de l'Isère et les sommets de Haute Tarentaise. Chambres confortables à la décoration montagnarde. Sauna. Copieux petits déjeuners et table d'hôtes autour des spécialités savoyardes, italiennes et alsaciennes. Convivialité et authenticité garanties. Un lieu sympathique pour pratiquer seuls ou accompagnés toutes sortes d'activités. Séjours actifs ou "relax" : à vous de choisir.

5 chambres avec douche, WC. 32 euros (1 pers.), 64 euros (2 pers.), 96 euros (3 pers.), 128 euros (4 pers.).

Le Paradou

Elisabeth et Bernard Hanrard
Prébérard
73210 COTE D'AIME (LA)

- **Tél.** +33 (0)4 79 55 67 79
- **Fax.** +33 (0)4 79 55 67 79
- **e-mail :** hanrard@aol.com

- **Ouverture :** du 15 décembre au 1er mai et du 28 juin au 31 août
- **Accès :** dir. Versant-du-Soleil sur 5 km, 1er chalet à droite après Prébérard
- **Curiosités :** La Plagne, Les Arcs, Montchavin, la Tarentaise, Beaufort

1060 m

15 km La Plagne

5 km La Plagne

5 km Aime

20 €

Exposé au sud, un très beau chalet récent en bois massif construit à l'ancienne. Ambiance chaleureuse et conviviale dans toute la maison. Bonne table d'hôte de spécialités savoyardes. Un havre de calme et de tranquillité. Accueil chaleureux. Vos hôtes, professionnels de la montagne, proposent un choix important d'activités. Une bonne adresse!

5 chambres avec douche, WC. 49 euros (1 pers.), 59 euros (2 pers.).

Les Campanules

Jackie Chevreton
chemin de la Grange
73590 CREST-VOLAND
• **Tél.** +33 (0)4 79 31 81 43
• **Fax.** +33 (0)4 79 31 80 65
• **e-mail :** chantelune@wanadoo.fr
• www.lescampanules.com
• **Ouverture :** ouvert toute l'année
• **Accès :** après l'église, à la crêperie direction Le Zet
• **Curiosités :** les Aravis, Megève, gorges de l'Arly, les Saisies

1230 m

Sur place

Sur place

23 km Albertville   Genève-Chambéry   18 €

Au cœur de la station de Crest-Voland, sur les flancs ensoleillés du Mont Lachat, un chalet contemporain à l'architecture typique de la deuxième moitié du XXème siècle. Des balcons fleuris, très belle vue sur la chaîne des Aravis et le Mont Charvin. Chambres, au calme, confortables à la décoration soignée. Sur les lits, patchworks multicolores, passion de la maîtresse de maison. Petits déjeuners copieux servis l'été sur le balcon. Spécialités savoyardes et plats des provinces de France à la table d'hôtes. Accueil chaleureux et attentionné.

1 suite et 2 chambres avec douche, WC. 46 euros (1 pers.), 61 euros (2 pers.), de 82 euros (3 pers.), 92 euros (4 pers.). Lit supp. 16 euros.

GERBAIX Savoie

Le Pré Vert

Martine et Bernard Favel
Le Vivier
73470 GERBAIX
• **Tél.** +33 (0)4 79 28 95 52
• **e-mail :** mfavel@hotmail.com
• www.leprevert.com
• **Ouverture :** du 1er mars au 15 novembre
• **Accès :** au lieu-dit
• **Curiosités :** lac d'Aiguebelette, Chambéry, abbaye d'Hautecombe, parcs naturels régionaux des Bauges et de Chartreuse

600 m

5 km

25 km Chambéry   70 km Lyon-St Exupéry   16 €

Aux portes des parcs naturels régionaux des Bauges et de Chartreuse et à proximité du Lac d'Aiguebelette, une maison avec un jardin clos arboré et fleuri. De la terrasse, belle vue sur les montagnes. Chambres, séparées par un salon-bibliothèque, spacieuses et confortables. Cuisine familiale agrémentée de spécialités régionales. Produits issus du potager ou des éleveurs des fermes voisines. Accueil attentionné dans un cadre champêtre paisible...

1 suite et 1 chambre avec bain, WC. 32 euros (1 pers.), 48 euros (2 pers.), 60 euros (3 pers.), 80 euros (4 pers.). Lit supp. 12 euros.

Rhône-Alpes

LÉPIN-LE-LAC Savoie

La Clairière du Moulin

Janine et Bernard Boutry
Le Puits
73610 LÉPIN-LE-LAC

550 m

- **Tél.** +33 (0)4 79 36 30 05
- **Fax.** +33 (0)4 79 36 30 05
- **e-mail :** laclairieredumoulin@club-internet.fr
- www.laclairieredumoulin.com
- **Ouverture :** ouvert toute l'année
- **Accès :** église d'Aiguebelette, dir. Les Echelles, puis suivre panneaux
- **Curiosités :** lac d'Aiguebelette, parc naturel régional de Chartreuse, moulin à huile de noix

25 km Chambéry — 70 km Lyon-St Exupéry — 22 € — Bio

Au bout d'un petit chemin fleuri, une vieille ferme de 1760 rénovée avec goût et qui abrite le seul moulin à huile à traction animale en Savoie. Un grand parc naturel de bois et prairies. Les chambres sont spacieuses et très confortables. Décoration faite par Janine, peintre aquarelliste. Table d'hôtes de spécialités régionales avec les produits de la maison ou du voisinage. Cuisson hebdomadaire du pain dans le four à pain. Accueil sympathique soucieux de favoriser les échanges entre les hôtes. Une bonne adresse pour découvrir, au calme, les plaisirs essentiels liés à la nature. Séjours à thème : aquarelle, plantes comestibles, médicinales, élixirs floraux... Encore, une de nos trois adresses préférées dans cette région !

VISA P

4 chambres avec douche, WC. 50 euros (1 pers.), 65 euros (2 pers.), 82 euros (3 pers.), 99 euros (4 pers.).

La Grange du Rossignolet

Patricia Dufresne
Le Rossignolet
73610 LÉPIN-LE-LAC
- **Tél.** +33 (0)4 79 36 09 62
- **Fax.** +33 (0)4 79 36 09 62
- **e-mail :** patricia.dufresne@wanadoo.fr

480 m

- **Ouverture :** ouvert toute l'année
- **Accès :** au chef-lieu, passer devant l'église et la mairie puis route qui monte sur 1 km
- **Curiosités :** lac d'Aiguebelette, parc naturel régional de Chartreuse

25 km Chambéry — 70 km Lyon-St Exupéry — 16,50 €

Près du lac d'Aiguebelette, aux portes du parc naturel régional de Chartreuse, une ancienne grange typique rénovée avec goût. Un jardin fleuri et une terrasse très agréable pour profiter des derniers rayons de soleil. Chambres coquettes. Partout, le bois règne en maître. Table d'hôtes à base de recettes savoyardes dans le séjour très lumineux. Accueil sympathique et chaleureux de Patricia qui est heureuse de partager sa maison avec "le monde entier".

1 suite et 2 chambres avec douche, WC. 44 euros (1 pers.), 51 euros (2 pers.), 72 euros (3 pers.), 89 euros (4 pers.). Lit supp. 11 euros.

Chalet Saint-Roch

Gérard Millat
Le Chalmieu
73530 MONTROND

1600 m

- **Tél.** +33 (0)4 79 59 75 66
- **Fax.** +33 (0)4 79 59 79 26
- **e-mail :** gmillat@club-internet.fr
- www.chalet-saint-roch.com
- **Ouverture :** ouvert toute l'année
- **Accès :** traverser le bourg de Montrond et suivre la direction Le Chalmieu
- **Curiosités :** col de la Croix de Fer, col du Glandon, Aiguilles d'Arves

7 km
Sur place

18 km St-Jean-de-Maurienne 70 km Chambéry 20 €

Dans un hameau du pays d'Arvan, un chalet contemporain dans un environnement féerique au pied des Aiguilles d'Arves. Chambres confortables à la décoration et aux mobiliers classiques. Des baies de l'immense séjour, vue sur le col de la Croix de Fer. Petits déjeuners et dîners servis près de la cheminée centrale. Accueil familial et chaleureux. En été, possibilité de randonnées accompagnées avec des ânes.

3 suites et 5 chambres avec douche, WC. 70 euros (1 pers.), 70 euros (2 pers.), 85 euros (3 pers.). Lit supp. 15 euros.

PEISEY-NANCROIX Savoie

Maison Coutin

Claude et Franck Chenal
Peisey chef-lieu
73210 PEISEY-NANCROIX
- **Tél.** +33 (0)4 79 07 93 05
- **Fax.** +33 (0)4 79 04 29 23
- **e-mail :** maisoncoutin@aol.com
- www.maison-coutin.fr.st
- **Ouverture :** ouvert toute l'année
- **Accès :** à l'entrée du village de Peisey centre suivre les panneaux
- **Curiosités :** domaine skiable Paradiski, parc de la Vanoise, Haute-Tarentaise

1300 m

1 km

4 km

7 km Landry

17 €

En Haute-Tarentaise, dans un authentique village, une maison de montagne restaurée située dans un écrin de verdure et de fleurs, avec une vue magnifique sur le massif de Bellecôte. Chambres confortables et coquettes. Ambiance vieux chalets de famille... Au petit-déjeuner comme à la table d'hôte, pain cuit au feu de bois, spécialités savoyardes préparées avec des produits du terroir et les fruits et légumes du jardin. Accueil jeune, décontracté et très convivial. Une bonne adresse à prix doux pour cette région.

1 suite et 1 chambre avec douche, WC. 35 euros (1 pers.), 50 euros (2 pers.), 65 euros (3 pers.), 100 euros (4 pers.). Lit supp. de 12 à 15 euros.

La Grange aux Loups

Clotilde et Paul Chanteperdrix
Le Villaret
73720 QUEIGE

- **Tél.** +33 (0)4 79 38 08 32
- **Fax.** +33 (0)4 79 38 08 41
- **e-mail :** clotilde.chanteperdrix@freesbee.fr
- Http://members.lycos.fr/grangeauxloups

- **Ouverture :** du 15 janvier au 15 avril et du 15 mai au 15 octobre
- **Accès :** dir. Beaufort, puis Césarches, à droite dir. Le Villaret
- **Curiosités :** églises baroques et chapelles de Queige, Villard-sur-Doron, Arêches-Beaufort, Hauteluce

700 m

Arêches-Beaufort

Les Saisies

8 km Albertville 70 km Chambéry 15 €

Une vieille ferme de 1792 rénovée entre prairies et forêts, paysage typique de la "petite suisse française". Belle vue sur le Mont Blanc. Chambres spacieuses et agréables. Tableaux du grand-père au mur et mobiliers en pin huilé. Piscine octogonale en bois. Produits du terroir pour la table d'hôtes. Accueil souriant et disponible, et soucieux de bien faire. Parcours acrobatique forestier pour enfants et adultes à proximité. Un lieu idéal pour les familles et les retrouvailles entre amis.

6 chambres avec douche, WC. 38 euros (1 pers.), 47 euros (2 pers.), 56 euros (3 pers.), 65 euros (4 pers.). Lit supp. 9 euros.

REVARD (LE) Savoie

La Datcharle

Catherine Fumagalli
Boucle de l'angle Est
73100 REVARD (LE)

- **Tél.** +33 (0)4 79 54 00 08
- **Fax.** +33 (0)4 79 54 00 08

- **Ouverture :** ouvert toute l'année
- **Accès :** à 200 m du cœur de la station
- **Curiosités :** parc naturel régional des Bauges, lac du Bourget et d'Annecy

1500 m

Sur place

Sur place

19 km Aix-les-Bains 25 km Chambéry 10 €

Un chalet en rondin en pleine forêt et au pied des pistes d'un des plus grands domaines de ski de fond. On se croirait presque au Canada en hiver... Confort simple pour les chambres à la décoration des pays du monde et des mers du sud visités par Catherine. Petits déjeuners savoureux. Accueil sympathique et chaleureux. Une adresse à prix doux !

3 chambres avec douche, WC. De 23 à 25 euros (1 pers.), de 36 à 40 euros (2 pers.). Lit supp. de 10 à 12 euros.

SAINT-ALBAN-DE-MONTBEL Savoie

La Chesneraie

Jeanne-Marie et Jean Teppaz
73610 SAINT-ALBAN-DE-MONTBEL

- **Tél.** +33 (0)4 79 36 04 33
- **Fax.** +33 (0)4 79 44 10 54
- **e-mail :** lachesneraie@wanadoo.fr
- www.lachesneraie.com

350 m

- **Ouverture :** ouvert toute l'année
- **Accès :** chef lieu, 1er chemin à droite
- **Curiosités :** lac d'Aiguebelette, grottes de Mandrin, parc régional de la Chartreuse

10 km Chambéry 60 km Lyon-St Exupéry

Surplombant le lac d'Aiguebelette avec une vue exceptionnelle, un superbe et incroyable manoir 1900 en pierres de taille. Parc avec plage privée et port à bateaux (barques et pédalos à disposition). Chambres très spacieuses et très confortables décorées avec goût. Beaux mobiliers anciens à l'image de la demeure. Brunch, paniers pique-nique proposés. Un paradis pour les pêcheurs, mais aussi pour ceux qui recherchent le calme, le farniente et les promenades romantiques sur le lac. Une de nos adresses préférées !

4 chambres avec bain ou douche, WC, TV. 90 euros (1 pers.), 105 euros (2 pers.), 125 euros (3 pers.), 145 euros (4 pers.). Lit supp. 20 euros.

La Maison du Villard

Michelle et Bernard Trigon
Le Villard
73500 SAINT-ANDRE
- **Tél.** + 33 (0)4 79 05 27 17
- **Fax.** + 33 (0)4 79 05 27 17
- **e-mail :** lamaisonduvillard@wanadoo.fr
- www.maisonduvillard.com
- **Ouverture :** ouvert toute l'année
- **Accès :** direction Orgère jusqu'à Saint-Etienne
- **Curiosités :** parc national de la Vanoise, route des grands cols des Alpes, forts des Alpes, la Haute-Maurienne et le Mont-Cenis, l'Italie

1330 m

12 km Valfréjus

15 km Bramans

7 km Modane   100 km Chambéry   42 € demi-pension

En bordure du parc national de la Vanoise, une grande maison aux murs de pierre épais sur le versant ensoleillé des contreforts des massifs montagneux. Chambres spacieuses et confortables à la décoration simple. Mobilier rustique campagnard. Dîners et petits déjeuners servis devant la grande cheminée. Table d'hôtes savoureuse autour de recettes traditionnelles alpines ou piémontaises. Accueil convivial et naturel.

2 suites et 4 chambres avec bain, WC. 55 euros (2 pers.). Moins de 12 ans, 20 euros. 42 euros en demi-pension par pers.

SAINT-CHRISTOPHE-LA-GROTTE Savoie

La Ferme Bonne de la Grotte

Astrid Amayenc
73360 SAINT-CHRISTOPHE-LA-GROTTE

- **Tél.** +33 (0)4 79 36 59 05
- **Fax.** +33 (0)4 79 36 59 31
- **e-mail :** info@ferme-bonne.com
- www.gites-savoie.com
- **Ouverture :** ouvert toute l'année
- **Accès :** dépasser le village en direction de la falaise
- **Curiosités :** monastère de la Grande Chartreuse, le parc naturel régional de Chatreuse, lac d'Aiguebelette

420 m

La Chartreuse

9 km
La Chartreuse

25 km Chambéry — 60 km Lyon-St Exupéry — 18/27 €

Adossée à la falaise, une ancienne ferme du XVIIéme siècle totalement rénovée au cœur du parc naturel régional de Chartreuse. Chambres de charme spacieuses style chalet de montagne qui fleurent bon le bois. L'esprit de la décoration, inspirée du patrimoine savoyard (Astrid et son compagnon sont des encyclopédies vivantes de l'histoire des Savoies), est un véritable musée à vivre. Petits déjeuners généreux. Table d'hôtes pour les gourmands et dîners aux chandelles. Un accueil jovial et convivial à l'image des lieux. Une de nos plus belles adresses !

VISA

6 chambres avec bain ou douche, WC. De 59 à 77 euros (1 pers.), de 66 à 89 euros (2 pers.), 81 euros (3 pers.), 108 euros (4 pers.). Lit supp. 27 euros.

SAINT-NICOLAS-LA-CHAPELLE Savoie

Charlotte et Dominique Dumax-Vorzet
Chalet Pel' Vuoz
73590 SAINT-NICOLAS-LA-CHAPELLE
- **Tél.** +33 (0)4 79 31 64 37
- **Fax.** +33 (0)4 79 31 64 37

- **Ouverture :** ouvert toute l'année
- **Accès :** au village de St-Nicolas prendre à droite Les Combes
- **Curiosités :** Val d'Arly, les Aravis, sentiers de l'art baroque

1040 m

3 km

3 km

25 km Albertville 70 km Genève

Un chalet contemporain habillé de vieux bois situé près d'un village montagnard authentique des Aravis. Beaux espaces naturels de forêts et de prés aux alentours. Chambres confortables décorées de meubles cirés, de tissus chaleureux, de murs en lambris. Sauna à disposition après une journée de ski ou une randonnée. Brioches et pains tout chaud faits maison pour les petits déjeuners. Accueil chaleureux de Charlotte et Dominique. Tous deux passionnés de montagne et de cyclisme, ils se feront une joie de vous guider sur le choix de vos futurs itinéraires.

P

3 chambres avec douche, WC, TV. 43 euros (1 pers.), 58 euros (2 pers.), 76 euros (3 pers.).

SAINTE-FOY-TARENTAISE Savoie

La Ferme du Baptieu

Jean-Luc Boisdet-Debiolles
La Baptieu
73640 SAINTE-FOY-TARENTAISE

- **Tél.** +33 (0)4 79 06 97 52
- **Fax.** +33 (0)4 79 06 97 52
- **e-mail :** contact.baptieu@lafermedubaptieu.com
- www.lafermedubaptieu.com

- **Ouverture :** décembre à mai, juillet et août
- **Accès :** à la sortie de Sainte-Foy à gauche dir. la Rosière de Montvalgan, à 300m à droite
- **Curiosités :** les églises et chapelles des chemins du Baroque, fabrication du Beaufort

1100 m

3 km

3 km

11 km Bourg-Saint-Maurice

25 €

Une authentique bâtisse savoyarde du XVIIIème siècle parfaitement restaurée, aux confins des parcs nationaux de la Vanoise et du Grand Paradis. Panorama unique. Chambres aux charmes d'antan très confortables à la décoration authentique et luxueuse. Ambiance chaleureuse et informelle. Table d'hôtes gourmande autour des spécialités montagnardes et méditerranéennes. Accueil souriant et convivial.

1 appartement et 5 chambres avec bain, douche, WC. De 110 à 130 euros (2 pers.), de 180 à 210 euros (4 pers.).

SAINTE-FOY-TARENTAISE Savoie

Le Ravichet

Amandine Colson
La Mazure
73640 SAINTE-FOY-TARENTAISE
• **Tél.** +33 (0)4 79 06 97 84
• **e-mail :** leravichet@wanadoo.fr
• www.leravichet.com

• **Ouverture :** ouvert toute l'année
• **Accès :** à 150 m du parking du village situé à l'entrée
• **Curiosités :** les églises et chapelles des chemins du baroque, fabrication du Beaufort

1200 m

3 km

3 km

15 km Bourg-St Maurice

20 € Bio

Une maison traditionnelle rénovée récemment avec son toit de lauzes dans un petit village typique de la Haute Tarentaise situé à flanc de montagne. Chambres confortables où les bois clairs règnent en maître. Atmosphère chaleureuse dans toute la maison et autour de la cheminée monumentale. Table d'hôtes savoureuse et originale autour de spécialités locales et de saveurs d'ailleurs. Accueil chaleureux et attentionné.

4 chambres avec douche. Suivant saison de 35 à 52 euros (1 pers.), de 58 à 85 euros (2 pers.), de 81 à 120 euros (3 pers.), de 105 à 155 euros (4 pers.).

Chalet de Montperron

Catherine et Michel Vialars-Wantz
Montperron
73700 SEEZ
- **Tél.** +33 (0)4 79 40 18 29
- **Fax.** +33 (0)4 79 40 14 84
- **e-mail :** montperron@wanadoo.fr
- www.montperron.com

1300 m

11 km

11 km

- **Ouverture :** fermé en Mai et Novembre
- **Accès :** sur la RN 90 après Dourg-St-Maurice, dir. Seez
- **Curiosités :** parc national de la Vanoise, églises Baroques de la Tarentaise

12 km Bourg-Saint-Maurice

25 € Bio

Dominant la vallée de la Tarentaise, une ancienne ferme entièrement restaurée du XIXème siècle avec les matériaux du pays et dans le respect des traditions. Chambres très confortables décorées avec goût. Atmosphère de vieux chalet de montagne avec un mélange harmonieux de mobiliers anciens de style et de meubles venus d'ailleurs, tissus et têtes de lits aux motifs alpestres. Spécialités savoyardes et du sud-ouest (la région d'origine de Catherine) à la table d'hôtes. Accueil très sympathique dans un lieu d'exception. Pour les amateurs de calme après le ski ou les visites culturelles.

5 chambres avec bain ou douche, WC. 52 euros (1 pers.), 68 euros (2 pers.), 94 euros (3 pers.).

TREVIGNIN Savoie

La Jument Verte

Olivier Milhau
place de l'Église
73100 TREVIGNIN

- Tél. +33 (0)4 79 34 95 12
- Fax. +33 (0)4 79 34 25 73
- e-mail : lajumentverte@wanadoo.fr
- http://perso.wanadoo.fr/la.jument.verte

- Ouverture : ouvert toute l'année
- Curiosités : parc naturel des Bauges, lac du Bourget, abbaye de Hautecombes, Aix-les-Bains

650 m

10 km

10 km

7 km Aix-les-Bains 10 km Chambéry 25 à 50 € Bio

Sur les hauteurs d'Aix-les-Bains et du lac du Bourget et au pied du mont Revard et du parc naturel des Bauges, une ancienne ferme savoyarde du XVIIIème siècle entièrement rénovée. La Jument Verte est aussi un lieu à vocation artistique tendance art contemporain : expositions de peintres, sculpteurs,... Clin d'œil dans les chambres aux poètes qui, pour certains, ont "hanté" le lac. Décoration insolite mêlant habilement œuvres d'artistes, mobiliers chinés et objets détournés de leur fonction. Table d'hôtes gastronomique proposée par Olivier qui a fait ses armes chez des grands chefs. Accueil convivial et décontracté pour cette adresse de charme atypique.

1 suite et 4 chambres avec douche,WC. 60 euros (1 pers.), de 68 à 80 euros (2 pers.). Lit supp. 15 euros.

Rhône-Alpes

VILLARODIN Savoie

Ché Catrine

Catherine et Christian Finas
88 rue Saint-Antoine
73500 VILLARODIN

- **Tél.** +33 (0)4 79 20 49 32
- **Fax.** +33 (0)4 79 20 48 67
- **e-mail :** info@che-catrine.com
- www.che-catrine.com
- **Ouverture :** ouvert toute l'année
- **Accès :** en face de l'église du village
- **Curiosités :** chemins du baroque, pierres fortes de Savoie, parc national de la Vanoise, stations La Norma et Val Thorens, centres de tourisme scientifique et technique

1200 m

2 km La Norma/ Val Thorens

8 km Aussois-Sardières

3 km Modane TGV

25 €

Avec Catherine et Christian, vous allez apprendre les recettes du bonheur... dans cette très belle bâtisse du XVéme siècle restaurée à l'ancienne. Planchers en mélèze et mobiliers sculptés savoyards et des vallées de l'Himalaya donnent le ton. Les chambres sont superbes et les suites sont conçues comme de petits appartements familiaux. Petits déjeuners et repas du terroir succulents. Un régal de calme, de chaleur humaine et de dépaysement... et la vue sur le parc national de La Vanoise. Séjours à thème, été comme hiver... Une adresse hautement recommandable !

3 suites et 2 chambres avec bain ou douche, WC, TV, jacuzzi. De 59 à 79 euros (1 pers.), de 79 à 105 euros (2 pers.), 134 euros (3 pers.), 152 euros (4 pers.), Lit supp. 15 euros.

BELLEVAUX Haute-Savoie

Alice et Michel Buinoud
La Côte
74470 BELLEVAUX

- **Tél.** +33 (0)4 50 73 70 66

- **Ouverture :** ouvert toute l'année
- **Accès :** dans le lieu-dit
- **Curiosités :** chapelle des Charteux, lac de Vallon, musée de la Faune, musée de la Tradition

1150 m

2 km Hirmentaz

Sur place

25 km Thonon-les-Bains 40 km Genève 13 €

Au fil des saisons, Alice et Michel vous accueillent dans leur maison traditionnelle. Chambres simples, avec balcon et entrée indépendante, au confort satisfaisant. Spécialités régionales et produits de la ferme au petit-déjeuner comme au dîner. Accueil sympathique pour cette adresse à prix doux. Une occasion, aussi, de découvrir la vie d'une petite exploitation laitière de montagne.

3 chambres avec douche, WC. 29 euros (1 pers.), 35 euros (2 pers.), 45 euros (3 pers.), 55 euros (4 pers.).

CARROZ D'ARACHES (LES) Haute-Savoie

Chalet Le Nanty

Hélène Esnault
600 route du Pontet - La Frasse
74300 CARROZ D'ARACHES (LES)

- **Tél.** +33 (0)4 50 90 32 76
- **e-mail :** lenanty@free.fr
- http://lenanty.free.fr
- **Ouverture :** du 20 décembre au 15 septembre
- **Accès :** au village de La Frasse, suivre fléchage
- **Curiosités :** la station, Annecy et son lac, Chamonix

1000 m

6 km Carroz d'Arâches

6 km Carroz d'Arâches

12 km Cluses 60 km Genève 20 €

A proximité de la station des Carroz d'Araches et des stations du Grand Massif. Dans un cadre verdoyant et reposant, chambres douillettes refaites à neuf à la décoration personnalisée. Hydromassage pour les salles de bain. Vue sur les montagnes des Aravis. Petits déjeuners et table d'hôtes autour de produits locaux et de spécialités régionales savoyardes. Accueil sympathique et attentionné.

2 suites (2 chambres) avec douche, WC, TV. 45 euros (1 pers.), 60 euros (2 pers.), 95 euros (3 pers.), 110 euros (4 pers.).

CARROZ D'ARACHES (LES) Haute-Savoie

Chalet Odysseus

Kate et Barry Joyce
210 route de Lachat
74300 CARROZ D'ARACHES (LES)

- **Tél.** +33 (0)4 50 90 66 00
- **Fax.** +33 (0)4 50 90 66 01
- **e-mail :** chaletodysseus@wanadoo.fr
- www.chaletodysseuslachat.com

- **Ouverture :** du 20 décembre au 15 juin, du 1er juillet au 15 octobre
- **Accès :** à 200 m de la D 106, à 2 km du village d'Araches
- **Curiosités :** musée des Musiques Mécaniques aux Gets, musée de l'horlogerie à Cluses, Morzine

1200 m

2 km

7 km

11 km Cluses 70 km Genève 40 € vin compris

Un chalet traditionnel en bois de construction récente en lisière de forêt. De la terrasse, vue imprenable sur les montagnes environnantes. Chambres très confortables décorées avec goût par les propriétaires. Chacune a un charme unique avec son mobilier de style alpin, ses tissus et ses broderies, ses nombreux cadres et bibelots. Cuisine gourmande et raffinée à la table d'hôtes. Accueil familial et chaleureux. Une belle adresse !

VISA P

5 chambres avec bain ou douche, WC, Tél. 45 euros (1 pers.), 90 euros (2 pers.), 135 euros (3 pers.), 180 euros (4 pers.).

CARROZ D'ARACHES (LES) Haute-Savoie

Les Servages

Armelle Linglin
841 route des Servages
74300 CARROZ D'ARACHES (LES)

1200 m

- **Tél.** +33 (0)4 50 90 01 62
- **Fax.** +33 (0)4 50 90 39 41
- www.lescarroz.com/servages
- **Ouverture :** ouvert toute l'année
- **Accès :** à 1 km du centre
- **Curiosités :** musée des musiques mécaniques aux Gets, musée de l'horlogerie à Cluses, Morzine

Sur place

Sur place

12 km Cluzes 60 km Genève

Une ancienne ferme d'alpage restaurée avec son toit en tavillons au pied du stade de slalom éclairé la nuit. Très belle vue sur la vallée. Belles chambres très confortables avec leur jacuzzi. Un peu partout, les matériaux contemporains se marient avec harmonie aux matériaux et aux bois anciens Restaurant gastronomique attenant. Accueil sympathique. Une belle adresse de charme!

VISA P

1 suite et 4 chambres avec bain, jacuzzi, WC, TV. De 165 à 235 euros la chambre.

Chalet Beauregard

Laurence et Manu Dos Santos
182 rue de la Mollard
74400 CHAMONIX

- **Tél.** +33 (0)4 50 55 86 30
- **Fax.** +33 (0)4 50 55 86 30
- **e-mail :** reservation@chalet-beauregard.com
- www.chalet-beauregard.com

1050 m

Sur place

Sur place

- **Ouverture :** du 15 décembre au 30 avril et du 1er juin au 20 octobre
- **Accès :** 4ème chalet au dessus de la gendarmerie, côté Brévent
- **Curiosités :** Mont-Blanc, vallée de Chamonix, aiguille du Midi, le Brévent et la Flégère, la Suisse

1 km 77 km

Le jardin fleuri et la vue imprenable sur le Mont-Blanc séduiront les amoureux de la nature, comme ceux qui recherchent les atouts d'une situation en centre ville. Des chambres au confort simple décorées dans le style des chalets de montagne de la région. Accueil très sympathique et décontracté.

7 chambres avec bain, douche, WC, TV. De 49 à 89 euros (1 pers.), de 69 à 99 euros (2 pers.), de 89 à 129 euros (3 pers.), de 99 à 129 euros (4 pers.). Loft avec cuisine pour 2 à 4 pers., de 135 à 198 euros.

Rhône-Alpes

CHAMONIX Haute-Savoie

La Girandole

Georgette et Pierre Gazagnes
46 chemin de la Persévérance
74400 CHAMONIX

1150 m

- **Tél.** +33 (0)4 50 53 37 58
- **Fax.** +33 (0)4 50 55 81 77
- **e-mail :** la-girandole@wanadoo.fr
- **Ouverture :** de janvier à avril et de juin à septembre
- **Accès :** dir. Les Moussoux, puis fléchage
- **Curiosités :** vallée de Chamonix, Aiguille du Midi, Mer de glace

Sur place

Sur place

2 km Chamonix 90 km Genève

Depuis La Girandole, une vue époustouflante sur le Mont-Blanc, le glacier des Bossons et les Aiguilles de Chamonix. Les chambres sont petites mais plaisantes à vivre, confortables et d'une propreté irréprochable. Petits déjeuners savoureux et très copieux. Accueil sympathique et montagnard. Conseils sportifs et touristiques avisés des hôtes.

3 chambres avec bain, WC. De 62 à 64 euros (2 pers).

La Crémerie du Glacier

Jean-Claude Chapouton
333 route des Rives
74400 CHAMONIX-LES BOSSONS
- **Tél.** +33 (0)4 50 55 90 10
- **Fax.** +33 (0)4 50 55 90 10
- **Ouverture :** du 15 décembre au 20 septembre
- **Accès :** en sortant de la gare SNCF, faire 300 m en face
- **Curiosités :** Chamonix, Mer de glace, aiguille du Midi

1000 m

2 km

2 km

Les Bossons 70 km Genève 20 €

Au pied du Mont-Blanc, une maison construite au début du siècle avec ses étonnants volets bleus et sa façade jaune pâle. Chambres confortables et douillettes. Décoration gaie avec les lambris aux couleurs cérusées, les meubles peints de motifs alpins,... Table d'hôtes gourmande avec les spécialités du terroir. Accueil jeune, décontracté et convivial. Une adresse en vallée de Chamonix réservée à ceux qui pratiquent les sports de montagne pour des séjours en demi-pension plus ou moins longs.

VISA

1 suite et 5 chambres avec douche, WC. En demi-pension 50 euros (1 pers.), 43 euros par pers. (base 2 à 3 pers.), 40 euros par pers. (base 4 pers.).

CHAMONIX-LES PRAZ Haute-Savoie

Kosciusko Lodge

Caroline Watters
1525 route des Praz – BP 14
74400 CHAMONIX-LES PRAZ
• Tél. +33 (0)4 50 53 38 09
• Fax. +33 (0)4 50 53 23 06
• e-mail : info@highmountain.co.uk
• www.highmountain.co.uk

1060 m

Sur place

Sur place

• Ouverture : ouvert toute l'année
• Accès : à proximité du téléphérique de La Flégère
• Curiosités : vallée de Chamonix, la Mer de Glace, l'Aiguille du Midi, les Grands Montets

Chamonix 70 km Genève

Au cœur du village des Praz avec une vue exceptionnelle sur le massif du Mont-Blanc et les Aiguilles Rouges, une ancienne maison du début du siècle totalement rénovée. Chambres confortables avec pour la décoration un mélange harmonieux d'ambiances montagnardes et cosy. Petits déjeuners copieux. Accueil sympathique et ambiance anglo-saxonne garantie !

8 chambres avec douche, WC. De 60 à 70 euros (1 pers.), de 68 à 78 euros (2 pers.), de 76 à 86 euros (3 pers.).

La Ferme du Mont-Blanc

Solange Ducrey
1389 route de Prairy
74920 COMBLOUX
- **Tél.** +33 (0)4 50 58 14 16
- **Fax.** +33 (0)4 50 91 37 61
- **e-mail :** solange.ducrey@wanadoo.fr
- http://lafermedumontblanc.monsite.wanadoo.fr

- **Ouverture :** ouvert toute l'année
- **Accès :** à l'entrée de Combloux au 1er rond point à gauche dir. route de prairy
- **Curiosités :** vallée de Chamonix et massif du Mont-Blanc, la chaîne des Aravis, Megève

950 m

5 km

5 km

7 km Sallanches 80 km Genève 16 € Bio

Une ancienne ferme savoyarde aux jardins et balcons très fleuris de géranium, avec une vue sur les massifs environnants. Chambres confortables et décorées dans l'esprit montagnard avec des matériaux traditionnels. Cuisine familiale et inventive à la table d'hôtes avec les produits du jardin. Accueil sympathique et convivial.

1 suite et 1 chambre avec douche, WC, TV. 40 euros (1 pers.), 45 euros (2 pers.), 60 euros (3 pers.), 75 euros (4 pers.).

CONTAMINES-MONTJOIE (LES) Haute-Savoie

Chalet Kiana

Jennifer Henderson
1073 route de la Frasse
74170 CONTAMINES-MONTJOIE (LES)
- **Tél.** +33 (0)4 50 91 55 18
- **Fax.** +33 (0)4 50 91 55 38
- **e-mail :** chaletkiana@aol.com
- www.chaletkiana.com

- **Ouverture :** de Noël à fin avril, et de juin à septembre
- **Accès :** à 5 mn à pied du centre du village
- **Curiosités :** la vallée de Chamonix, les Contamines-Montjoye et sa réserve naturelle

1200 m

1 km

2 km

15 km St-Gervais 80 km Genève 25 €

Construit récemment dans le respect des matériaux et de l'architecture traditionnelle, un superbe chalet avec un panorama magnifique sur les montagnes et les hauts sommets environnants. Jolies chambres avec tout le confort que l'on peut souhaiter. Jacuzzi et sauna. Décoration très réussie : rideaux en tissus écossais, meubles montagnards, lits avec linges de coton. Bonne cuisine à la table d'hôtes. Accueil convivial et attentionné. Un vrai petit coin de paradis !

VISA

6 chambres avec bain, douche, WC. Sauna et jacuzzi. De 70 à 80 euros (2 pers.). Lit supp. 18 euros. Réductions enfants - 20% de 3 à 13 ans.

Mont-Blanc Paradis

Cathy Ramon
446 route des Lacs
74700 DOMANCY

- **Tél.** +33 (0)4 50 58 11 70
- **e-mail :** ramon.cathy@wanadoo.fr
- http://montblanc.paradise.free.fr/

- **Ouverture :** ouvert toute l'année
- **Accès :** 3 km après Sallanches, à gauche, dir. les lacs de Passy
- **Curiosités :** Chamonix, Mer de glace, Aiguille du Midi

580 m

8 km

10 km

3 km Sallanches 60 km Genève 20 €

Dans un environnement arboré et fleuri à 300 m d'un lac, un vieux chalet entouré de montagnes. Chambres confortables à la décoration soignée : vieux bois sur les murs, peintures aux motifs alpestres traditionnels sur les portes, harmonie du choix des tissus. Des terrasses des chambres, vue sur le Mont-Blanc ou la chaîne des Aravis. Tout est fait maison pour les petits déjeuners comme la table d'hôtes. Au menu, les spécialités régionales. Accueil attentif au bien-être des hôtes. Pour ceux qui recherchent calme et détente.

3 chambres avec douche, WC. 50 euros (1 pers.), 70 euros (2 pers.).

Le Coteau

Roxane Bastian
Chez Charvet
74250 FILLINGES

- **Tél.** +33 (0)4 50 36 47 23
- **Fax.** +33 (0)4 50 36 47 23
- **e-mail :** bastianroxie@aol.com
- **Ouverture :** ouvert toute l'année
- **Accès :** à 400 m à droite du restaurant
- **Curiosités :** Annecy, le village médiéval d'Yvoire au bord du lac Léman

600 m

15 km Habère-Poche

Les Brasses

12 km Annemasse 25 km Genève

Entre Genevois et Faucigny, une maison traditionnelle rénovée. Des chambres agréables au confort simple où le bois et la pierre règnent en maîtres. Une pièce de vie très conviviale où sont servis les petits déjeuners, avec une belle vue sur les montagnes. Accueil chaleureux et familial.

3 chambres avec douche, WC, TV. Suivant saison de 30 à 32 euros (1 pers.), de 42 à 46 euros (2 pers.), 63 euros (3 pers.), 84 euros (4 pers.).

Chalet L'Envala

Thérèse Gosset
route des Platons
74260 GETS (LES)

- Tél. +33 (0)4 50 75 89 15
- Fax. +33 (0)4 50 75 89 15
- e-mail : chalet.lenvala@libertysurf.fr
- www.lenvala.com

- **Ouverture :** ouvert toute l'année
- **Accès :** vers les pistes de ski
- **Curiosités :** musée des musiques mécaniques aux Gets, les stations des Portes du Soleil

1300 m

1 km

1 km

25 km Cluses 50 km Genève 18 €

Versant au soleil pour ce chalet de charme un peu en dehors de la station. Superbe panorama sur les montagnes environnantes. Jardin en rocaille très fleuri. Chambres très agréables au confort douillet et à la décoration soignée. Petits déjeuners avec les confitures maison et les fruits du jardin. Spécialités savoyardes, du terroir français ou étrangères à la table d'hôtes. Accueil attentionné. Pour les golfeurs, profitez des prix avantageux sur le "18 trous" des Gets. Très belle adresse !

4 chambres avec douche, WC. De 70 à 100 euros (2 pers.).

Rhône-Alpes

GRAND-BORNAND (LE) Haute-Savoie

La Ferme de Vanille

Dominique et Alain Lajarte (de)
Les Frasses
74450 GRAND-BORNAND (LE)

- **Tél.** +33 (0)4 50 09 08 32
- **Fax.** +33 (0)4 50 09 08 32
- **e-mail :** delajarte@wanadoo.fr
- www.lafermedevanille.com
- **Ouverture :** ouvert toute l'année
- **Accès :** en direction du Chinaillon
- **Curiosités :** Château de Menthon St-Bernard, lac d'Annecy, la Maison du patrimoine

1200 m

Sur place

Sur place

40 km Annecy 50 km Genève 17,50 €

Une ferme savoyarde typique de la région du Grand-Bornand vieille de 1708, en pleine nature, entièrement restaurée avec des matériaux anciens en gardant son authenticité, son style et le cachet d'origine. Confort douillet des chambres. Ambiance vieux bois... et charme d'antan. Cuisine de spécialités régionales préparée par Dominique, fin cordon bleu. Accueil convivial et familial. Une de nos meilleures adresses dans les Aravis !

3 chambres avec douche, WC. 47 euros (1 pers.), 59 euros (2 pers.), 89 euros (3 pers.).

GRAND-BORNAND (LE) Haute-Savoie

La Bournerie

Sylvie Vadon
Le Chinaillon
74450 GRAND-BORNAND (LE)
- Tél. +33 (0)4 50 27 00 28
- www.pagesjaunes.fr

1350 m

- **Ouverture :** ouvert toute l'année
- **Accès :** au niveau du village du Chinaillon, sur le versant des pistes de ski
- **Curiosités :** château de Menthon St-Bernard, lac d'Annecy, la Maison du patrimoine

Sur place

Sur place

40 km Annecy 50 km Genève 20 €

Dans un cadre naturel magnifique, sur les pistes du Chinaillon, un authentique chalet savoyard de 1805, au milieu des alpages. Des chambres chaleureuses et douillettes de bon confort. Décoration où le bois règne en maître. Cuisine régionale savoyarde à la table d'hôtes. Veillées au coin du feu. Accueil chaleureux et souriant, soucieux d'informer sur les activités de la station été comme hiver. Une très belle adresse dans les Aravis !

VISA P

1 suite et 5 chambres avec bain ou douche, WC. De 34 à 44 euros (1 pers. 1/2 pension). Tarif enfants dégressif.

GRAND-BORNAND (LE) Haute-Savoie

La Chèvrerie

Jacqueline et Dominique Verney
Le Grand Champ
74450 GRAND-BORNAND (LE)
• Tél. +33 (0)4 50 02 31 43

• **Ouverture :** ouvert toute l'année
• **Accès :** à gauche de la télécabine, Nant Robert puis le Croix
• **Curiosités :** château de Menthon St-Bernard, lac d'Annecy, la Maison du patrimoine

1200 m

Sur place

Sur place

40 km Annecy 50 km Genève

Un très beau chalet face à la Chaîne des Aravis. Vue panoramique. Chambres confortables à la décoration et à l'ambiance montagnarde dans les chambres. Table d'hôtes à base de recettes traditionnelles savoyardes. Dégustation des fromages de chèvre de la maison et des reblochons de la ferme voisine. Accueil chaleureux et de bon conseil pour les randonnées et les visites dans la région.

6 chambres avec douche, WC. De 30 à 36 euros (1 pers. demi-pension/jour). Réduction enfants moins 6 ans.

HERY-SUR-ALBY Haute-Savoie

Le Galatan

Christèle et Philippe Durand
Liaudy
74540 HERY-SUR-ALBY

580 m

- **Tél.** +33 (0)4 50 68 25 50
- **e-mail :** galatan.gite@free.fr
- www.gite-galatan.com
- **Ouverture :** ouvert toute l'année
- **Accès :** D 63 dir. Chainaz-les-Frasses, puis 3 km
- **Curiosités :** Annecy, Alby-sur-Chéran, Aix-les-Bains, lac du Bourget, gorges du Fier, parc naturel des Bauges

10 km Rumilly 80 km Lyon ou Genève 17 € Bio

Bois et pierres sont à l'honneur dans cette maison à l'architecture traditionnelle de 1852. À l'étage, dans l'ancienne grange, deux chambres confortables. Tissus colorés et bois font régner une atmosphère très agréable. Petits déjeuners copieux avec pâtisseries et confitures maison. Spécialités savoyardes à la table d'hôtes avec les produits du jardin et de la ferme voisine. Accueil chaleureux et familial.

2 chambres avec douche, WC. 45 euros (1 pers.), 52 euros (2 pers.), 67 euros (3 pers.), 82 euros (4 pers.).

École de Taconnaz

Cécile Cauchy
400 route de l'École
74310 HOUCHES (LES)

- **Tél.** +33 (0)4 50 54 59 80
- **Fax.** +33 (0)4 50 54 59 73
- **e-mail :** ecoletaconnaz@aol.com

- **Ouverture :** ouvert toute l'année
- **Accès :** à 300 m au-dessus du restaurant Courte-Paille
- **Curiosités :** vallée de Chamonix, l'Aiguille du Midi, la Mer de Glace

1000 m

2 km Chamonix

2 km Chamonix

1 km Chamonix-Taconnaz 70 km Genève

Face à la chaîne du Mont-Blanc, une maison "voyageuse" au confort simple. Jardin fleuri à la belle saison. Petits déjeuners copieux avec les confitures et le pain maison. Ambiance familiale et montagnarde. Accueil sympathique. Possibilité de sorties accompagnées en alpinisme par le "Guide de la maison".

3 chambres avec douche, WC. 24 euros (1 pers.), 48 euros (2 pers.).

HOUCHES (LES) Haute-Savoie

Auberge Le Crêt

Martine Ladurelle
128 route des Aillouds
74310 HOUCHES (LES)

1100 m

Sur place

Sur place

- **Tél.** +33 (0)4 50 55 52 27
- **Fax.** +33 (0)4 50 55 52 27
- **e-mail :** auberge-le-cret@wanadoo.fr
- www.auberge-le-cret.com
- **Ouverture :** ouvert toute l'année
- **Accès :** à la télécabine du Prarion, route des Chavants
- **Curiosités :** Chamonix, tour du Mont-Blanc, parc animalier du Merlet, Aiguille du Midi

4 km 70 km Genève 28 à 38 €

Une étape idéale pour les amoureux de la montagne face aux sommets du massif du Mont-Blanc et la chaîne des Fiz et au départ des plus belles randonnées ou des pistes de ski. Chambres à la décoration simple. Cuisine familiale et traditionnelle agrémentée des récits des randonneurs de passage... Possibilités de sorties accompagnées : escalade, via ferrata, canyoning, cours de ski. Un lieu authentique rare à visiter sans plus attendre !

3 chambres avec douche, WC. 43 euros (1 pers. en demi-pension en chambre) et 31 euros (1 pers. en demi-pension en dortoir).

Les Oyats

Claude-Marie et Jean-Claude Tissot
771 chemin de Lady
74120 MEGÈVE

1200 m

- **Tél.** +33 (0)4 50 21 11 56
- **e-mail :** lesoyats@tiscali.fr
- **Ouverture :** ouvert toute l'année
- **Accès :** dir. Rochebrune, à gauche Les Perchets, puis à droite route de Lady
- **Curiosités :** Mont-Blanc, ski alpin sur place, randonnées, nombreux équipements sportifs

Sur place

4 km

15 km Sallanches 80 km Genève

Née en 1800, une magnifique ferme familiale devenue au fil du temps un chalet montagnard où domine le bois. Très belle vue sur le Mont-Blanc. Chambres confortables, lumineuses et douillettes. Beaux choix de tissus écossais pour les parures des lits. Petits-déjeuners copieux. Accueil sympathique et soucieux de faire découvrir les richesses de la région hiver comme été.

P

5 chambres avec bain, douche, WC, TV. 65 euros (1 pers.), 72 euros (2 pers.), 92 euros (3 pers.), 112 euros (4 pers.).

MENTHON SAINT-BERNARD Haute-Savoie

La Vallombreuse

Odile et Jean-Eric Ougier
Route des Moulins
74290 MENTHON SAINT-BERNARD
• **Tél.** +33 (0)4 50 60 16 33
• **Fax.** +33 (0)4 50 60 27 14
• **e-mail :** contact@la-vallombreuse.com
• www.la-vallombreuse.com

482 m

20 km La Clusaz

20 km La Clusaz

• **Ouverture :** ouvert toute l'année
• **Accès :** centre du village, dir. Le Château, dernière maison à droite
• **Curiosités :** lac d'Annecy, le château de Menthon, la fondation d'art contemporain Salomon

8 km Annecy   8 km Annecy   28 €

Un cadre naturel à quelques centaines de mètres du lac d'Annecy pour cette maison forte du XVème siècle. Du jardin arboré et fleuri, une belle vue sur le lac et le soleil couchant. Les chambres sont spacieuses et aménagées avec goût avec un doux mélange d'ancien et de contemporain. De belles flambées dans la grande cheminée du salon vous accueillent le matin pour les petits déjeuners et le soir pour le dîner. Accueil chaleureux.

VISA

1 suite et 5 chambres avec bain, WC, TV. De 69 à 108 euros (1 ou 2 pers.), de 110 à 156 euros (suite 3 ou 4 pers.). Lit supp. 26 euros.

La Maison des Sœurs

Marie-Lise et Sylvain Maertchik
74440 MIEUSSY

- Tél. +33 (0)4 50 43 15 74
- Fax. +33 (0)4 50 43 15 74
- e-mail : mlm@mieussy.net
- www.mieussy.net
- **Ouverture :** ouvert toute l'année
- **Accès :** en face de l'église
- **Curiosités :** les stations de Praz-de-Lys et Sommand, vallée du Giffre

670 m

10 km Sommand

10 km Sommand

30 km Cluses 50 km Genève 17 €

Une maison de maître totalement restaurée construite en 1841 située dans un village classé. Chambres à la décoration particulièrement soignée et de bon goût par le choix des matériaux, meubles, tissus et bibelots. Tout est prévu pour le confort des hôtes : peignoirs, sèche-cheveux, service à thé, ... Petits déjeuners et dîners très gourmands selon l'inspiration de Marie-Lise. Suivant la saison, la table est servie devant un bon feu de cheminée ou sous les tilleuls. Accueil convivial et chaleureux. Une belle adresse qui accueille aussi bien les skieurs, les parapentistes que ceux qui veulent se reposer et profiter des atouts de la moyenne montagne.

2 chambres avec douche, WC. 62 euros (1 pers.), de 69 à 95 euros (2 pers.), 113 euros (3 pers.), 131 euros (4 pers.).

L'Ancienne Fruitière

Lucette et Philippe Staute (de)
Saint-Denis
74440 MIEUSSY
- **Tél.** +33 (0)4 50 43 19 61
- **Fax.** +33 (0)4 50 43 19 61
- **e-mail :** ancienne-fruitiere@wanadoo.fr
- http://perso.wanadoo.fr/gites-anciennefruitiere/
- **Ouverture :** ouvert toute l'année
- **Accès :** en quittant Annemasse, sur la route de Samoëns
- **Curiosités :** visite d'une fruitière, musée Paysan, Genève

825 m

8 km Sommand

8 km Sommand

22 km Cluses   45 km Genève   19 €

Une fruitière est un lieu où l'on collectait le lait pour la fabrication du Reblochon. Aujourd'hui, totalement rénovée, cette demeure de caractère, dans un cadre panoramique, propose de très belles chambres de grand confort. Petits déjeuners savoureux. Plats régionaux savoyards à la table d'hôtes. Une belle adresse près de Genève et de plusieurs stations de ski. Accueil chaleureux et disponible.

VISA P

3 chambres avec douche, WC, TV. 72 euros (2 pers.). Lit supp. 28 euros.

PLATEAU-D'ASSY (LE) Haute-Savoie

La Bérangère

Francine et Dominique Aerts
283 rue d'Anterne
74480 PLATEAU-D'ASSY (LE)
• **Tél.** +33 (0)4 50 93 87 68
• **Fax.** +33 (0)4 50 93 87 68
• **e-mail :** berangeremb@wanadoo.fr
• www.berangeremb.com

1000 m

6 km

6 km

• **Ouverture :** ouvert toute l'année
• **Accès :** dans le village, au bout de la rue de l'église, tourner à droite
• **Curiosités :** Chamonix, l'Aiguille du Midi, la Mer de glace, route des sculptures contemporaines

10 km 70 km Genève 14 €

Face à la Chaîne du Mont-Blanc, un grand chalet avec une vue sur un parc boisé et en toile de fond les Aiguilles de Bionassay et son glacier. Au rez-de-chaussée, des chambres confortables à la décoration moderne dans l'esprit montagnard. Deux appartements à l'étage pour les séjours en famille. Cuisine familiale et régionale à la table d'hôtes. Ambiance chaleureuse et conviviale. Prix raisonnables.

VISA

1 suite et 4 chambres avec douche, WC, TV. 30 euros (1 pers.), 46 euros (2 pers.), 64 euros (3 pers.), 80 euros (4 pers.).

ROCHE-SUR-FORON (LA) Haute-Savoie

Le Clos du Bout du Pont

Marie Ammeloot
1 route de la Bénite Fontaine
74800 ROCHE-SUR-FORON (LA)

610 m

- **Tél.** +33 (0)4 50 03 31 16
- **Fax.** +33 (0)4 50 03 31 16
- **e-mail :** ammeloot@free.fr
- http://ammeloot.free.fr
- **Ouverture :** ouvert toute l'année
- **Accès :** à 300 m du centre ville, à la sortie du pont sur le Foron
- **Curiosités :** la cité médiévale de La-Roche-sur-Foron du XIème siècle, Annecy, Genève et Chamonix

10 km
10 km

La-Roche-Sur-Foron 30 km Annecy-Genève 15 €

Près de la cité médiévale de La-Roche-sur-Foron, une maison récemment rénovée entourée d'un grand espace de verdure. Chambres confortables et lumineuses. Décoration simple où la chaleur du bois clair domine. Petits déjeuners copieux avec confitures maison et fromages des Savoies. Cuisine familiale et savoyarde à la table d'hôtes. Accueil sympathique et convivial par toute la famille Ammeloot.

VISA

1 suite et 2 chambres avec douche, WC. 35 euros (1 pers.), 45 euros (2 pers.), 55 euros (3 pers.). Lit supp. 10 euros.

ROCHE-SUR-FORON (LA) Haute-Savoie

La Ferme d'Hélène

Hélène et Jean-pierre Gérard
380 chemin des Echaux - ORANGE
74800 ROCHE-SUR-FORON (LA)

- **Tél.** +33 (0)4 50 03 09 68
- **Fax.** +33 (0)4 50 03 09 68
- **e-mail :** lafermedhelene@free.fr
- **Ouverture :** ouvert toute l'année
- **Accès :** à 800 m de la station d'Orange
- **Curiosités :** vieille ville de la Roche-sur-Foron, Annecy, Genève, les Aravis

1000 m

1 km Orange

1 km Orange

10 km La Roche-sur-Foron 30 km Genève

Une ancienne ferme rénovée dans un environnement calme et préservé de prés et forêts, à mi-distance d'Annecy et de Genève, la "Ferme d'Hélène" et de Jean-Pierre proposent deux chambres spacieuses et décorées avec beaucoup de goût, l'une dans un style "chalet", et l'autre "jardin". Atmosphère cosy. Petits déjeuners alléchants servis sous la véranda fleurie. Accueil sympathique. Adresse incontournable dans cette région !

2 chambres avec bain, WC, TV. 74 euros (2 pers.). Lit supp. 20 euros.

ROCHE-SUR-FORON (LA) Haute-Savoie

La Dame de Haute-Savoie

Lorena et Laurent Gruaz
605 rue des Chavannes - Château de Chant
74800 ROCHE-SUR-FORON (LA)
- **Tél.** +33 (0)4 50 25 99 44
- **Fax.** +33 (0)4 50 25 99 44
- **e-mail :** la-dame-de-haute-savoie@wanadoo.fr
- http://monsite.wanadoo.fr/ladamedehautesavoie

- **Ouverture :** ouvert toute l'année
- **Accès :** direction Thorens, après passage à niveau, à gauche
- **Curiosités :** cité médiévale de La-Roche-sur-Foron, lacs d'Annecy et de Genève, les Aravis, Chamonix

610 m

8 km Orange

8 km Orange

2 km La-Roche-sur-Foron 35 km Genève 20 €

A deux pas de la cité médiévale de La-Roche-sur-Foron, au bord de la rivière, un ensemble de bâtiments parfaitement restaurés. Très beau jardin et terrasse arborés et fleuris. Dans l'ancien bûcher, une suite et son salon très confortables à la décoration raffiné dans l'esprit des vieux chalets de montagne. Cuisine du terroir gourmande à la table d'hôtes privilégiant le fromage sous toutes ses formes. Accueil familial et enjoué. Une autre belle adresse dans cette région !

1 suite avec bain, WC. 80 euros (1 pers.), 85 euros (2 pers.). Lit supp. 20 euros adultes et 10 euros jusqu'à 15 ans.

La Maison du Vernay

Caroline Marchal
164 route de la Mollaz
74170 SAINT-GERVAIS
- **Tél.** + 33 (0)4 50 47 07 55
- **Fax.** + 33 (0)4 50 47 07 55
- **e-mail :** lamaisonduvernay@hotmail.com
- www.lamaisonduvernay.com

850 m

1 km

1 km

- **Ouverture :** ouvert toute l'année
- **Accès :** vers les Contamines, 1ère route à gauche après La Poste
- **Curiosités :** vallée de Chamonix, le circuit des églises Baroques

7 km St-Gervais-Le-Fayet 70 km Genève 18 €

Au centre de la station de Saint-Gervais, un ancien hôtel transformé en chambres d'hôtes. Situé en surplomb du village, il offre une magnifique vue sur le massif des Aravis. Chaque chambre est décorée d'un style chaleureux et original où le bois et les tissus colorés dominent. Toutes ont un nom de fleurs des montagnes : gentianes, crocus, trolles, rhododendrons et camomilles. Petits déjeuners avec confitures maison et jus de fruits frais. Cuisine traditionnelle et savoyarde à la table d'hôtes servie sur la terrasse ensoleillée ou au coin de la cheminée. Accueil familial et soucieux du bien-être des hôtes. Une bonne adresse !

5 chambres avec bain ou douche, WC. De 55 à 65 euros (2 pers.), de 100 à 120 euros (4 pers.). Du 1/09 au 15/02 et du 20/03 au 10/06, prix unique de 45 euros (2 pers.).

SAINT-JEAN-DE-SIXT Haute-Savoie

Chalet La Passerelle

Marie-Claude Missillier
La Passerelle
74450 SAINT-JEAN-DE-SIXT

- **Tél.** +33 (0)4 50 02 24 33
- **e-mail :** info@gites-chaletlapasserelle.com
- www.gites-chaletlapasserelle.com
- **Ouverture :** ouvert toute l'année
- **Accès :** à 200 m du centre de St Jean-de-Sixt
- **Curiosités :** les stations de La Clusaz, du Grand Bornand et Manigod, Annecy et son lac, Chamonix

980 m

2 km La Clusaz, Grand Bornand

2 km La Clusaz, Grand Bornand

32 km Annecy 50 km Genève

Un chalet contemporain tout en bois, très fleuri, avec une vue imprenable sur l'Etale et la chaîne des Aravis. Les chambres, à la décoration d'inspiration savoyarde, sont très confortables. Petits déjeuners copieux. Accueil authentique et convivial de Marie-Claude, ancienne agricultrice, soucieuse de faire découvrir les bons coins de son pays. Une bonne base au cœur de ce magnifique massif montagneux.

5 chambres avec douche, WC, TV. 55 euros (2 pers.), 80 euros (3 pers.), 95 euros (4 pers.). Lit supp. 15 euros.

Rhône-Alpes

SAINT-PAUL-EN-CHABLAIS Haute-Savoie

Les Echirolles

Martine Demoli
La Beunaz
74500 SAINT-PAUL-EN-CHABLAIS

- **Tél.** +33 (0)4 50 75 67 54
- **Fax.** +33 (0)4 50 75 67 54
- **Ouverture :** ouvert toute l'année
- **Accès :** au lieu-dit
- **Curiosités :** le lac Léman, Évian, Thonon, vallées de Morzine et Abondance

950 m

3 km Bernex, Portes du Soleil

3 km Bernex, Portes du Soleil

10 km Évian 50 km Genève 16 €

Dans un environnement naturel, près du lac de la Beunaz et à quelques kilomètres du lac Léman et des villes d'eaux de Thonon et d'Évian. Accès indépendant pour les chambres. Décoration simple à l'ambiance rustique savoyarde. Table d'hôtes familiale au feu de bois. Été comme hiver, Martine et ses enfants sauront vous faire découvrir les atouts d'une situation privilégiée.

3 chambres avec douche, WC, TV. De 30 à 34 euros (1 pers.), de 42 à 46 euros (2 pers.), de 48 à 52 euros (3 pers.), de 54 à 58 euros (4 pers.).

Rhône-Alpes

SERVOZ Haute-Savoie

L'Alpe

Josiane et Hervé Anselme
chemin du Rucher
74310 SERVOZ

- **Tél.** +33 (0)4 50 47 22 66
- **Fax.** +33 (0)4 50 91 40 66
- **e-mail :** lalpe@caramail.com
- www.chez.com/lalpe/
- **Ouverture :** ouvert toute l'année
- **Accès :** près de l'église
- **Curiosités :** gorges de la Diosaz, la vallée de Chamonix

810 m

4 km Les Houches

4 km Les Houches

1 km Servoz 60 km Genève

Un grand chalet traditionnel avec une vue magnifique sur les sommets de la vallée. Chambres confortables (certaines ont des sanitaires en commun) et spacieuses où le bois règne en maître. Accueil sympathique. Votre hôte, guide de haute montagne et moniteur de ski, saura vous faire découvrir les mille et une joies offertes par le massif du Mont-Blanc. Ambiance alpine garantie !

1 suite et 5 chambres avec douche, WC (certaines chambres avec douche et WC communs). De 50 à 58 euros (2 pers). Lit supp. 20 euros.

Chalet Ambroise

Jayne et James Dawson
10 rue Père François Avrillon - La Vacherie
74230 THÔNES
- **Tél.** +33 (0)4 50 02 64 14
- **Fax.** +33 (0)4 50 02 64 14
- **e-mail :** info@chaletamboise.com
- www.chaletamboise.com

- **Ouverture :** ouvert toute l'année
- **Accès :** dans la direction des Aravis à 2 km de Thônes
- **Curiosités :** lac d'Annecy, vallée de Thônes, les Aravis

710 m

9 km La Clusaz

9 km La Clusaz

20 km Annecy 20 km Annecy 19 € Bio

Dans la vallée de Thônes en direction des stations des Aravis, un ancien "chalet-ferme" du XIXème siècle récemment rénové et exposé au sud. Très bel environnement de montagne, en particulier sur le massif de La Tournette. Chambres très confortables décorées avec goût et originalité. Vieilles poutres et vieux bois en parfaite harmonie avec les couleurs pastels des murs et parures de lits. Atmosphère générale calme et reposante, très cocooning. Table d'hôtes avec les spécialités de montagne. Accueil charmant et attentif. Ne pas hésiter à aller au marché ou en balade avec Jayne dans sa 2cv "Grisela" !!!

4 chambres avec bain ou douche, WC. 60 euros (2 pers.). Abri chauffé pour les skis et les chaussures.

Le Paddock des Aravis

Nathalie et Jean-Denis Saules (de)
Les Chenalettes - Thuy
74230 THÔNES

- **Tél.** +33 (0)4 50 02 98 28
- **Fax.** +33 (0)4 50 02 94 52
- **e-mail :** nathalie@le-paddock-des-aravis.com
- www.le-paddock-des-aravis.com
- **Ouverture :** ouvert toute l'année
- **Accès :** 2 km avant Thônes en venant d'Annecy, prendre à gauche dir. Thuy
- **Curiosités :** lac d'Annecy, Talloires, La Clusaz, vallée de Manigod

800 m

9 km La Clusaz

9 km La Clusaz

17 km Annecy 15 km Annecy-Meythet 18 €

Entre lac et montagnes, une ancienne ferme, totalement restaurée, dominant la vallée de Thônes. Chambres de charmes très confortables décorées avec beaucoup de goût. Vieux bois et vieilles pierres sont à l'honneur ! Toutes disposent d'un balcon ou d'une terrasse et toutes sont baptisées d'un nom ayant trait aux sports équestres (la passion de Jean-Denis) : la Martingale, la Longe, l'Etrivière, la Muserolle, la Bride... Petits déjeuners gourmands servis dans l'ancienne bergerie ou le jardin. Accueil sympathique dans un chalet idéal pour le repos, la détente ou les séjours actifs.

2 suites et 3 chambres avec bain ou douche, WC, TV. De 75 à 105 euros suivant saison (2 pers.). Lit supp. 20 euros.

Rhône-Alpes

THÔNES Haute-Savoie

Chalet d'altitude Les Lupins

Patricia Taleb
La Closette - Glapigny
74230 THÔNES

1200 m

- **Tél.** +33 (0)4 50 63 19 96
- **Fax.** +33 (0)4 50 63 19 19
- **e-mail :** leslupins@aol.com
- http://pagesperso.aol.fr/leslupins
- **Ouverture :** ouvert toute l'année
- **Accès :** dir. La Clusaz - Grand-Bornand, à droite après Champion
- **Curiosités :** lac d'Annecy, château de Menthon-Saint Bernard, vallée de Manigod, musée de la Résistance, stations des Aravis

15 km La Clusaz, Grand-Bornand

15 km La Clusaz, Grand-Bornand

30 km Annecy   30 km Annecy

Dans les alpages du Massif des Aravis, un vieux chalet de 1854 au bout d'une petite route de montagne. Panorama magnifique. Charme douillet des intérieurs au style montagnard des chambres. Copieux petits déjeuners avec miel, confitures maison et produits de la ferme servis l'été sur la terrasse. Accueil charmant par la maîtresse des lieux et les enfants. Une belle base pour les courses en montagne et la découverte du patrimoine savoyard !

3 chambres avec douche, WC. 32 euros (1 pers.), 50 euros (2 pers.), 70 euros (3 pers.), 95 euros (4 pers.).

VALLORCINE Haute-Savoie

L'Anatase

Catherine Kravtchenko-Depuydt
Les Plans – Chef-Lieu
74660 VALLORCINE

1260 m

- **Tél.** +33 (0)4 50 54 64 06
- **Fax.** +33 (0)4 50 54 69 41
- **e-mail :** catgrisha@aol.com
- www.lanatase.com
- **Ouverture :** de mai à novembre
- **Accès :** au chef-lieu, à 50 m de l'Office de Tourisme
- **Curiosités :** vallée de Chamonix

1 km Vallorcine 100 km Genève

Dans la prestigieuse vallée de Chamonix, une maison restaurée typique du pays alliant le granit et les vieux bois. Ambiance montagnarde et chaleureuse dans les chambres. Excellent niveau de confort. Professionnels de la montagne, Catherine et Grisha proposent un choix important d'activités. Une de nos adresses alpines préférées pour l'été !

1 suite et 4 chambres avec bain ou douche, WC. De 74 à 84 euros (2 pers.), de 95 à 109 euros (3 pers.), 116 euros (4 pers.).

Annecy Attelage

Marie-Christine Skinazy
La Ferme sur les Bois
74150 VAULX

700 m

- **Tél.** +33 (0)4 50 60 54 50
- **e-mail :** annecy.attelage@wanadoo.fr
- www.annecy-attelage.fr
- **Ouverture :** du 1er avril au 1er novembre
- **Accès :** N 508, puis D 17, puis D 3
- **Curiosités :** Annecy et son lac, gorges du Fier, vins de Frangy

14 km Annecy 10 km Metz - Tessy 18 €

Ensoleillement et vue panoramique sur le massif des Bauges et du Clergeon pour cette ferme rénovée du XIXème siècle. Des animaux partout en liberté. Belles chambres montagnardes douillettes et confortables : parquets en mélèze, murs lambrissés et meubles peints. Petits déjeuners alléchants. Dîners gourmands autour de spécialités régionales préparées par la dynamique Marie-Christine. Accueil attentif, convivial et chaleureux. Séjours «Découverte de l'attelage» et promenades en calèche à partir de la Ferme sur les Bois.

4 chambres avec douche, WC. 42 euros (1 pers.), 52 euros (2 pers.). Lit supp. 23 euros.

Achevé d'imprimer à Barcelone (Espagne) par Novoprint
Dépôt légal novembre 2004